Wolfgang Ayaß

„Asozial“. Aufstieg und Niedergang eines Kernbegriffs sozialer Ausgrenzung

Deutscher Verein
für öffentliche und
private Fürsorge e.V.

Unterstützt durch: Stiftung Deutscher Verein für öffentliche und private Fürsorge

Sonderdrucke und Sonderveröffentlichungen (SD 61)

Verlag des Deutschen Vereins
für öffentliche und private Fürsorge e.V.
Michaelkirchstraße 17/18, 10179 Berlin
www.deutscher-verein.de

Auslieferung über den Lambertus-Verlag:
www.lambertus.de

Druck: Druckhaus Sportflieger, Berlin

Printed in Germany 2023
ISBN 978-3-7841-3682-0
ISBN E Book 978-3-7841-3683-7

Gefördert vom:

Bundesministerium
für Familie, Senioren, Frauen
und Jugend

Inhalt

Vor Jahren gab es in Kassel eine Punkerclique, die sich „radikal asozial" nannte. Doch jenseits solch seltener ironischer Umkehr gilt: Niemand bezeichnet sich selbst als *asozial*. Der Begriff ist eine von anderen benutzte extrem abwertende Zuschreibung, die mit Stigmatisierung und Ausgrenzung verbunden ist. *Asozial* ist ein brisantes Wort par excellence.

Wann entstand der stigmatisierende Begriff? Seine Genese ist interessant für die Geschichte der Fürsorge, aber auch für die als Wissenschaftsdisziplin davon weit entfernte germanistische Sprachkritik. Im Folgenden interessiert vor allem: Wer war mit *asozial* gemeint? Und welche Maßnahmen richteten sich gegen die so bezeichneten Personen?

1. Genese des Begriffs *asozial* um 1900

Der Ausdruck ist überraschend jung: *Asozial* ist im deutschen Sprachraum erst gut einhundert Jahre alt. In der Zeit des deutschen Kaiserreichs war das Wort *asozial* noch nahezu unbekannt, und der Begriff verbreitete sich erst nach dem Ersten Weltkrieg. Auf den mehr als 20.000 Druckseiten der „Quellensammlung zur Geschichte der deutschen Sozialpolitik 1867 bis 1914" ist *asozial* kein einziges Mal zu finden, auch nicht in ergänzend durchgesehenen Quellen zu Armut, Vagabundage und Prostitution.

Natürlich gab es im Armutsdiskurs des 19. Jahrhunderts negative Zuschreibungen: die vielbeschworene *Vagabundenplage*, die *Arbeitsscheuen* und *Müßiggänger*, die *Unwirtschaftlichen*, die *Trunkenbolde*, *pflichtvergessene Eltern* und *liederliche Weibsbilder*. Vorwürfe gegen Männer lagen meist im Bereich Arbeit, die gegen Frauen eher im Feld der Sitte, Hygiene und Haushaltsführung.

Trotz aller diffamierender Bezeichnungen: *Asozial* wurden diese Personen noch nicht genannt! Im Vergleich zu den althergebrachten pejorativen Zuschreibungen wirkte *asozial* zunächst geradezu nüchtern, fast wissenschaftlich; jedenfalls war die Bezeichnung anfangs längst nicht so hassbeladen wie später.

Während *social* in der deutschen Sprache schon in der ersten Hälfte des 19. Jahrhunderts aufkam und sich seit der Mitte des Jahrhunderts zunehmend verbreitete – sociale Frage, Socialdemokratie, Verein für Socialpolitik – fehlte das negative *asozial* noch völlig (vgl. Geck 1963). Das später oft im Zusammenhang mit *asozial* auftauchende *antisozial* war dagegen schon im 19. Jahrhundert vorhanden (z.B. bei Marx 1843, 372). Erst um die Wende zum 20. Jahrhundert findet sich dann auch *asozial*, aber zunächst meist noch ohne den später geläufigen Zusammenhang zu gesellschaftlichen Unterschichten.

In einem frühen Nachweis aus dem Jahr 1899 nannte der Berner Philosoph Ludwig Stein den Ort Einsiedler „asozial" (Stein 1899, 213). Émile Durkheim, der französische Soziologe, lieferte – um eine außerdeutsche Verwendung zu nennen – schon 1902 in seiner Pariser Antrittsvorlesung einen frühen Einzeltreffer: Das Kind komme „égoïste et asocial" auf die Welt und müsse erst noch sozialisiert werden (Durkheim 1903, 46). Sein deutscher Kollege Max Weber verwendete *asozial* erst spät und nur ganz vereinzelt: So spricht er in Bezug auf das Mönchtum in „Wirtschaft und Gesellschaft" von der „asozialen Idee der Askese" (Weber 1980, 698). Sigmund Freud – mithin aus einem anderen Wissenschaftszweig – meinte bereits 1905, der Traum sei *asozial*, weil man ihn nur für sich allein habe: „Der Traum ist ein vollkommen asoziales seelisches Produkt; er hat einem anderen nichts mitzuteilen" (Freud 1940, 204).

Der Begriff war also nach der Jahrhundertwende vereinzelt vorhanden. Er wurde aber zunächst sehr selten und in recht unterschiedlichen Zusammenhängen verwendet, vorzugsweise um auf etwas Bezug zu nehmen, das aus unterschiedlichen Gründen nicht oder noch nicht vollständiger Teil der Gesellschaft sei. Der wohl früheste Nachweis von *asozial* als Fachterminus ist 1910 bei dem Heidelberger Psychiater Karl Wilmanns zu finden. Im Zusammenhang mit der geplanten Strafrechtsreform sprach er von „körperlich und geistig schwachen Asozialen und Antisozialen", die „eliminiert und dauernd versorgt" werden müssten (Wilmanns 1910, 205). Sein Heidelberger Kollege Hans Walter Gruhle verwendete ab 1912 *asozial* in Veröffentlichungen zur Verwahrlosung von Jugendlichen (Gruhle 1912, 256 f.; vgl. Gruhle 1913, 134).

Auch eine medizinische Dissertation über „geistig abnorme" Prostituierte nutzte bereits 1914 die Zuschreibung *asozial* (Heymann 1914, 6). Eine Studie über „minderbefähigte Schulentlassene" nannte im Jahr 1916 erwerbsunfähige Hilfsschüler *Asoziale* (Stiebel 1916, 3). Theodor Heuß, seinerzeit noch Journalist in Heilbronn, fand ebenfalls 1916 bei Literaten einen „überwiegend asozialen Typus" (Heuß 1916, 659). Weitere solcher verstreuter und thematisch disparater früher Einzelbeispiele könnte man sicherlich noch finden.

Doch im Armutsdiskurs war *asozial* zu dieser Zeit noch nicht angekommen. In den Debatten um das preußische „Arbeitsscheuengesetz" vom 12. Juli 1912 (es regelte die Arbeitshausunterbringung von sog. *Arbeitsscheuen* und *säumigen Nährpflichtigen* auf dem Verwaltungsweg) fiel der Ausdruck in beiden Häusern des preußischen Landtags noch nicht.[1] Auch Koryphäen der professionellen Fürsorge im Kaiserreich wie Emil Münsterberg und Christian Klumker kannten in jenen Jahren noch kein *asozial*.

Eine Diskussion über die Einführung des Ausdrucks nach der Jahrhundertwende ist nicht nachgewiesen, und niemand nahm für sich in Anspruch, die Bezeichnung *asozial* erfunden zu haben. In den beiden Jahrzehnten nach dem ersten Auftreten war der Terminus noch äußerst diffus; er verdichtete sich jenseits früher Nachweise in der Psychologie nicht eindeutig in einer bestimmten Profession oder einem Wissenschaftszweig. Vor allem aber wurde *asozial* nicht bestimmten Personengruppen zugeordnet. Noch gab es sie nicht: *Die Asozialen*.

1 Das „Arbeitsscheuengesetz" hieß offiziell Gesetz über die Abänderung und Ergänzung der Ausführungsgesetze zum Reichsgesetz über den Unterstützungswohnsitz; vgl. Schlosser 1913; Ayaß 1992, 65–68.

2. Etablierung in der Weimarer Republik

Nach dem Ersten Weltkrieg griff vor allem die Wohlfahrtspflege den Terminus auf. Insbesondere im Zusammenhang mit einem geplanten „Bewahrungsgesetz" ist *asozial* oft zu finden, jedoch nicht in den Gesetzentwürfen selbst, wohl aber sehr häufig in der Fachdebatte im Umfeld (z.B. Hartmann 1926; Eiserhardt 1928). Mittels des angestrebten „Bewahrungsgesetzes" sollte – quasi in einer auf Erwachsene ausgedehnten Fürsorgeerziehung – ein Teil der Fürsorgeklientel zwangsweise in geschlossenen Anstalten untergebracht werden (Maier 1921). Bewahrt werden sollten verwahrloste Personen vor ihrem völligen Untergang; bewahrt werden sollte aber auch die Gesellschaft vor sozialen Außenseitern und Außenseiterinnen.

Entstanden war die Idee des anfangs oft „Verwahrungsgesetz" genannten Vorhabens 1918 im Umkreis des katholischen Fürsorgevereins für Mädchen, Frauen und Kinder (vgl. Willing 2003, 9–21). Der Bewahrungsgedanke strahlte jedoch bald auf die gesamte deutsche Fürsorge aus. Die Unterbringung in den in großer Zahl vorhandenen Arbeitshäusern, städtischen Anstalten und den Heimen der privaten Wohlfahrtspflege sollte auf eine einheitliche reichsgesetzliche Grundlage gestellt werden und damit sollten die Modalitäten der Unterbringung vereinfacht werden. Nicht zuletzt wollte man die Stellung der aufstrebenden Sozialarbeit über die – wie es damals oft hieß – *Schutzbefohlenen* stärken.

Im Diskurs der deutschen Fürsorge wurde der Begriff *asozial* schließlich 1922 etabliert. Entscheidend war eine Tagung des Deutschen Vereins für öffentliche und private Fürsorge im Juli 1922 zur Vorbereitung des „Bewahrungsgesetzes" mit dem Thema „Die Versorgung asozialer Personen" (Deutscher Verein o.J. [1922]; vgl. Willing 2003, 35–39). An der Tagung nahmen nur elf Personen teil, neben dem Vereinsvorsitzenden Wilhelm Polligkeit und dem Regierungsrat Fritz Ruppert aus dem Reichsinnenministerium hauptsächlich Experten großstädtischer Armenpflege. Sämtliche Redner sprachen von *Asozialen*, der Ausdruck fiel dutzendfach. Auch der Frankfurter Fürsorgeexperte und Universitätsprofessor Christian Klumker, der vier Jahre zuvor in seiner Schrift „Fürsorgewesen" den Begriff noch nicht kannte (dort war die Bezeichnung *Unwirtschaftlichkeit* zentral; vgl. Klumker 1918), sprach nun von „asozialen Personen", gab aber zu bedenken, dass „Asozialität nicht immer und keineswegs allein auf der Anlage" beruhe, sondern auch gesellschaftliche Ursachen habe (Deutscher Verein o.J. [1922], 38). Der Kölner Universitätsprofessor Gustav Aschaffenburg, ein Pionier der Forensischen Psychiatrie und Kriminologie, wagte auf der Tagung in seinem Einführungsvortrag eine erste Definition: „Asoziale Personen" seien „Menschen, die den Fortbestand und die Entwicklung der Gesellschaft hemmen oder schädigen (politische Beurteilung bleibt natürlich ausgeschlossen)" (abgedr. bei Willing 2003, 319–323). Im Einzelnen zählte Aschaffenburg dann auf: jugendliche Unreife, Bettler und Landstreicher, Dirnen, Trinker, Epileptiker, Geistesschwache und Geisteskranke, das kleinere und mittlere Verbrechertum. Zu den *Asozialen* zählte er aber auch Morphinisten, Stumpfe, Haltlose, Erregbare und Menschen mit „sexuellen Abweichungen".

Auf konkrete Personen bezogen war eine drei Jahre später von dem Psychiater an der Hildesheimer Heil- und Pflegeanstalt Otto Mönkemöller zusammengestellte Broschüre. Als „Material zu einem Bewahrungsgesetz" sollte die vom „Allgemeinen Fürsorgeerziehungstag" herausgegebene kleine Schrift mit vierzig „Lebensläufen Asozialer" den ewigen Kreislauf zwischen Landstraße, Anstalten, Arbeitshäusern und Gefängnissen dokumentieren (Mönkemöller 1925a; vgl. Mönkemöller 1925b). *Asozial* war der neue Sammelbegriff für unangepasste Klientinnen und Klienten der Fürsorge, *Bewahrung* wurde zeitgleich nun der ebenfalls neue Oberbegriff für deren Unterbringung in geschlossenen oder bestenfalls halboffenen Anstalten.

Trotz einer schier endlosen Kette von Debattenbeiträgen, Entschließungen und ausformulierten Gesetzentwürfen – vier Entwürfe wurden bis 1928 in den Reichstag eingebracht, darunter auch einer von der Sozialdemokratie – kam ein „Bewahrungsgesetz" nicht zustande. Neben Finanzierungsfragen spielte dabei auch das Verhältnis zur schwebenden Strafrechtsreform und die Frage der künftigen Funktion der Arbeitshäuser eine Rolle.

Noch ohne allgemein gebräuchlich zu sein, verbreitete sich *asozial* in der Weimarer Zeit immer mehr. Dies geschah zunächst vor allem in der in den 1920er-Jahren erheblich ausgebauten öffentlichen Fürsorge, die mit dem nun als *asozial* bezeichneten Personenkreis in erster Linie in Berührung kam. Das damals einzige fürsorgerische Fachlexikon, das „Handwörterbuch der Wohlfahrtspflege", enthielt bereits 1924 in der ersten Auflage einen Artikel „Asoziale Elemente" (Düring 1924), 1929 in der zweiten Auflage dann „Fürsorge für Asoziale" (Böhner 1929). Alice Salomon, die Pionierin des sozialen Frauenberufs in Deutschland, widmete in der 1928 erschienenen dritten Auflage ihres „Leitfadens der Wohlfahrtspflege" unter der Überschrift „Heilbarkeit und Unheilbarkeit der Notstände" den *Asozialen* einen eigenen Abschnitt: „Die Aufgaben der Wohlfahrtspflege gegenüber asozialen Menschen, die eine Gefahr für sich selbst oder für die Umwelt bilden, können ohne Zwang nicht gelöst werden" (Salomon 1928, 9). Arbeitshaus für Ar-

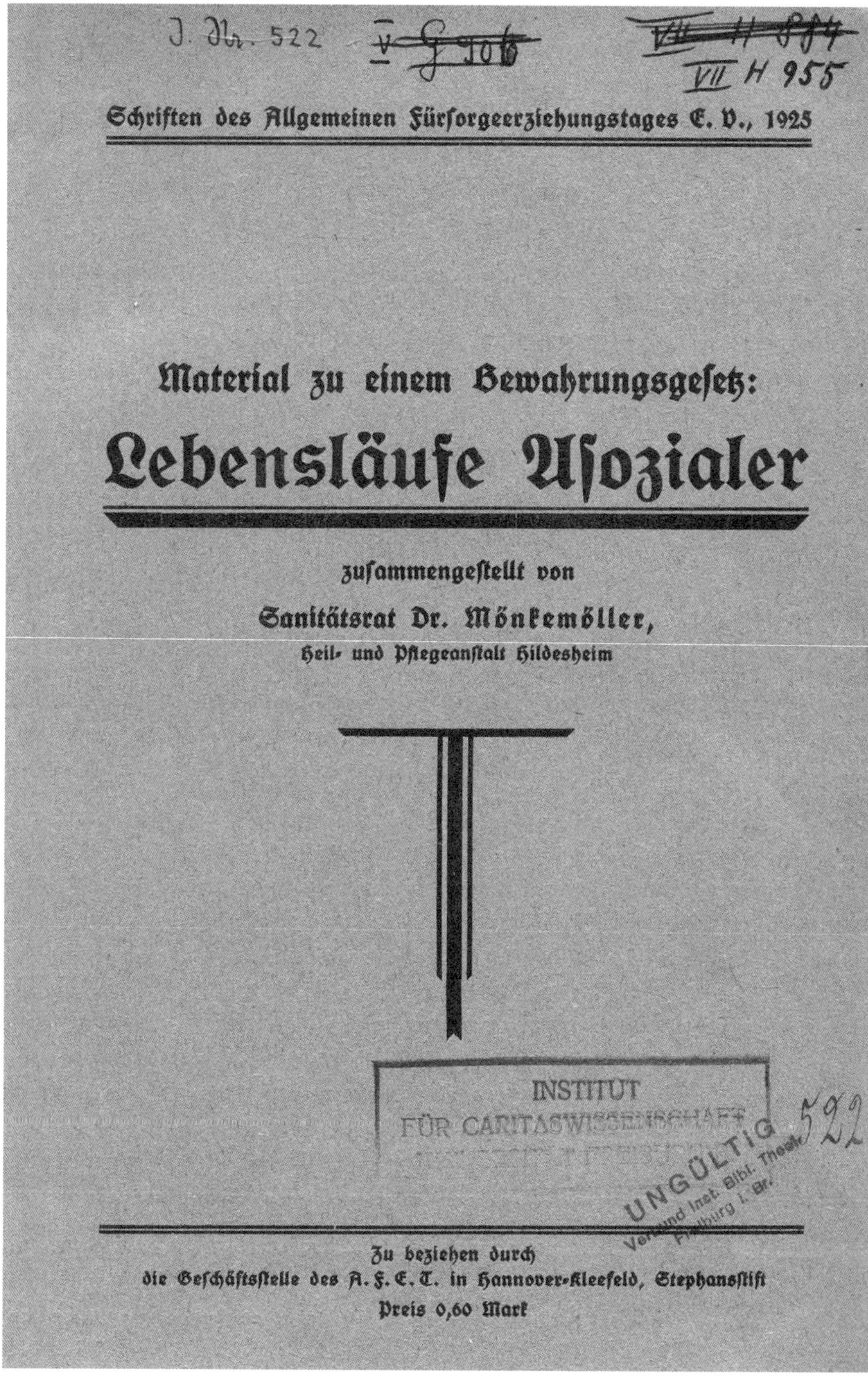

Schriften des Allgemeinen Fürsorgeerziehungstages E. V., 1925

Material zu einem Bewahrungsgesetz:

Lebensläufe Asozialer

zusammengestellt von

Sanitätsrat Dr. Mönkemöller,

Heil- und Pflegeanstalt Hildesheim

Zu beziehen durch
die Geschäftsstelle des A. F. E. T. in Hannover-Kleefeld, Stephansstift
Preis 0,60 Mark

beitsscheue, Heilanstalt für Trinker, Erziehungsanstalt für verwahrloste Mädchen seien die Mittel:

> „In neuerer Zeit werden diese Methoden unter den Begriff des Bewahrens (Verwahrens) eingeordnet, der zum Ausdruck bringt, dass man die asozialen Elemente vor sich selbst schützen will, wie auch die Gesellschaft vor dem Schaden, den sie ihr zufügen können" (ebd.).

In den beiden ersten Auflagen des „Leitfadens" fehlten diese Ausführungen – wie auch der Ausdruck *asozial* – noch.

„Um die Seele der Asozialen" hieß ein – nach der oben zitierten Broschüre Mönkemöllers – weiteres Buch, das *asozial* im Titel führte. Der Autor Karl Gustav Peters war katholischer Anstaltspfarrer der Rheinischen Provinzialanstalt Brauweiler bei Köln, dem größten Arbeitshaus Deutschlands. Die Schrift erschien 1926 im Freiburger Caritasverlag und war durch und durch von religiös-pädagogischen Rettungsgedanken geprägt:

> „Hätten die armen Asozialen in den entscheidenden Jahren ihrer Entwicklung Heim und Heimat, Liebe und zielbewusste Führung gehabt, wären sie nicht auf die Landstraße oder auf das Pflaster der Großstadtstraße geraten" (Peters 1926a, X; vgl. Peters 1926b).

Im Kern ging es dem Autor um die Fortentwicklung der Arbeitshäuser zu pädagogisch geleiteten Anstalten nach dem Muster der Fürsorgeerziehungsheime, wobei allerdings der geschlossene Anstaltscharakter beibehalten werden sollte.

Im 20-bändigen „Großen Brockhaus" finden wir 1928 *asozial* erstmals in einem großen Konversationslexikon definiert als „Verhalten des Menschen, das der Gesellschaft gegenüber gleichgültig ist" (Der Große Brockhaus 1928, 751). Im einbändigen „Duden Rechtschreibung" wurde *asozial* 1929 aufgenommen und mit „außerhalb der Gesellschaft stehend, nicht mit der Gesellschaft rechnend" erläutert (Der Große Duden 1929, 35). Die Aufnahme des Begriffs *asozial* in solche Nachschlagewerke ist ein Indiz für den zunehmenden Gebrauch jenseits der engeren Fachkreise.

Auch in der kommunalen Praxis war die Bezeichnung angekommen. 1928 enthielt eine Selbstdarstellung der Elberfelder Wohlfahrtspflege wie selbstverständlich einen Abschnitt über „Die Fürsorge für Asoziale". Für die *Asozialen*, unter denen man „Trinker, Arbeitsscheue und unwirtschaftliche Personen etc." verstand, hatte man eine von den übrigen Hilfeempfängerinnen und -empfän-

Um die

Seele der Asozialen

Beiträge zur Lösung im pädagogischen
und wohlfahrtspflegerischen Sinne

von

Karl Gustav Peters

1926

Caritasverlag • Freiburg i. Br.

gern abgesonderte „Sammelstelle“ errichtet, die vor allem zur Überprüfung der Arbeitswilligkeit diente (vgl. Die Elberfelder Wohlfahrtspflege 1928, 121–129).

Der abwertende Ausdruck *asozial* war in den 1920er-Jahren zunehmend und zuletzt fest im Zusammenhang mit gesellschaftlichen Unterschichten verortet. Unter dieser Benennung subsummierte man vor allem Bettler, Landstreicher, *arbeitsscheue* Fürsorgeempfänger, mittellose Alkoholiker, *Unterhaltsverweigerer* und Frauen, bei denen man Prostitution vermutete.

Erklärt wurde *asoziales* Verhalten mit Erziehungsdefiziten, zu spätem bzw. inkonsequentem Eingreifen der zuständigen Instanzen, aber auch mit Armut und Arbeitslosigkeit. Dass *Asozialität* vererbbar sein könnte, schloss die Fachdebatte der Weimarer Zeit nicht aus. „Anlagebedingt“ nannte man das gern. Erbbiologische Erklärungsmuster fanden vereinzelt auch Aufnahme in Artikel von Fürsorgezeitschriften, standen jedoch nicht im Mittelpunkt (vgl. Steinhilber 1927). Das sollte sich ändern.

3. *Asoziale* als Feinde der NS-Volksgemeinschaft

In der Zeit des Nationalsozialismus wurde der Begriff *asozial* Element zentralstaatlichen Handelns. Auftakt war eine im Rundfunk übertragene Rede des neuen Reichsinnenministers Wilhelm Frick vor dem Sachverständigenbeirat für Bevölkerungs- und Rassenpolitik im Juni 1933:

> „Zur Erhöhung der Zahl erbgesunder Nachkommen haben wir zunächst die Pflicht, die Ausgaben für Asoziale, Minderwertige und hoffnungslos Erbkranke herabzusetzen und die Fortpflanzung der schwer erblich belasteten Personen zu verhindern" (abgedr. bei Ayaß 1998, Nr. 5).

Bereits im September 1933 initiierte das Reichspropagandaministerium große Razzien gegen Bettler und Landstreicher, bei denen zehntausende Wohnungslose verhaftet wurden (vgl. Ayaß 1995, 20–41). Auch ging die Polizei verschärft gegen Straßenprostitution vor. Mit dem in den nächsten Jahren erfolgten Rückgang der Arbeitslosigkeit erhöhten die Kommunalverwaltungen ihren Druck auf als *arbeitsscheu* eingeschätzte Fürsorgeempfänger und -empfängerinnen.

3.1 Im Blick der Rassenhygiene

Die Zuschreibung *asozial* wurde in der NS-Zeit rassenhygienisch ausgelegt. Zuvor wurde der Begriff verwendet, um die nicht zu duldende Lebensform von *Verwahrlosten* zu kennzeichnen oder schlimmstenfalls als (möglicherweise anlagebedingtes) Charaktermerkmal von *geistig Minderwertigen*. In der NS-Zeit wurde *Asozialität* mehr und mehr zur nicht therapierbaren kollektiven Erbanlage von angeblich minderwertigen *Menschenschlägen* und *asozialen Sippen*.

Die rassenhygienische Forschung beanspruchte, durch eine entsprechende erbbiologische Erfassung die *asozialen* Familien zielsicher identifizieren zu können, um sie dann den erbpflegerischen Zwangsmaßnahmen unterwerfen zu können. Die genealogische Ermittlung *asozialer Dynastien* mit über Generationen weitergegebener *Minderwertigkeit*, *Schwachsinn* und Delinquenz war ein Lieblingsthema der Rassenhygiene von ihrer Entstehung an (vgl. Jörger 1905; Goddard 1914; Dirksen 1924/25). Robert Ritter, der heute wohl bekannteste „Zigeuner- und Asozialenforscher" der NS-Zeit, sprach in seiner 1937 veröffentlichten Monografie „Ein Menschenschlag" von einer alten süddeutschen „Jaunergesellschaft", die sich über Generationen hinweg mit „gesundem Blut" vermischt habe (Ritter 1937, 110). Aus „Gaunersippschaften" und „Strolchennestern" sei ein Geschlecht entstanden, „dessen Mitglieder zum großen Teil asoziale Psychopathen, Rohheitsverbrecher, gewerbsmäßige Betrüger, Landstreicher oder auch schwachsinnige Tagediebe sind" (Ritter 1936, 713).

Je stärker rassenhygienisches Denken wohlfahrtspflegerisches und sozialmedizinisches Handeln bestimmte, desto mehr wurde die Familie bzw. die *Sippe* Bezugspunkt (vgl. Finger 1937; Vogel 1937; Schol 1937; Lindner 1938; Andrees 1939; Engbrocks 1940; Günther 1942). „Asoziale Sippen" nannte der Oberarzt der Poliklinik für Erb- und Rassenpflege in Berlin Fred Dubitscher eine 1942 erschienene Monografie, für die er ausgehend von 31 Klientenakten des Bezirks-Jugend- und Wohlfahrtsamts Berlin-Charlottenburg die zugehörigen *Sippschaften* ermittelte (Dubitscher 1942).

Im sozialpolitischen Denken des Nationalsozialismus galt der *arbeitsscheue Asoziale* als unmittelbarer Antityp des für die „Volksgemeinschaft" wertvollen, produktiven Volksgenossen. Die *Asozialen* und *Minderwertigen* bildeten in der rassenhygienischen Vorstellungswelt den gefährlichen Feind im Innern des angeblichen Volkskörpers. Aus dem pädagogisch zu disziplinierenden unangepassten Einzelgänger der Weimarer Zeit wurde eine auszumerzende Feindgruppe. Diese – wie man behauptete – durch binnenbezogenes Heiratsverhalten festumrissene Unterschicht vermehrte sich „hemmungslos" und brächte damit den *Wertvollen* innerhalb weniger Generationen den Untergang. Der Artikel „Asozialität" in der 1939 ausgelieferten, nunmehr von der Nationalsozialistischen Volkswohlfahrt (NSV) verantworteten dritten Auflage des „Handwörterbuchs der Wohlfahrtspflege" war im Gegensatz zu den Artikeln der ersten und zweiten Auflage durch und durch rassenhygienisch ausgerichtet (vgl. Betcke o.J. [1939]).

Das Stichwort „Asozial" in der 15. Auflage des „Großen Brockhaus" enthielt 1928 eine 13-zeilige Schlusspassage über die Möglichkeit *asozialen* Verhaltens als im Jugendalter entstandenem „Entwicklungssymptom". 1939 wurde dieser pädagogisch ausgerichtete Inhalt (bei wörtlicher Beibehaltung des übrigen Textes) ersetzt durch: „Es besteht eine hohe Verwandtschaft zwischen erblicher Belastung, ja Erbkrankheit und asozialer Haltung. Asoziale dürfen staatlich nicht gefördert werden."[2]

2 1939 begann die Auslieferung einer zweiten, völlig neubearbeiteten Ausgabe der 15. Auflage von „Der Große Brockhaus", von der jedoch nur der erste Band „A–Ast" erschien.

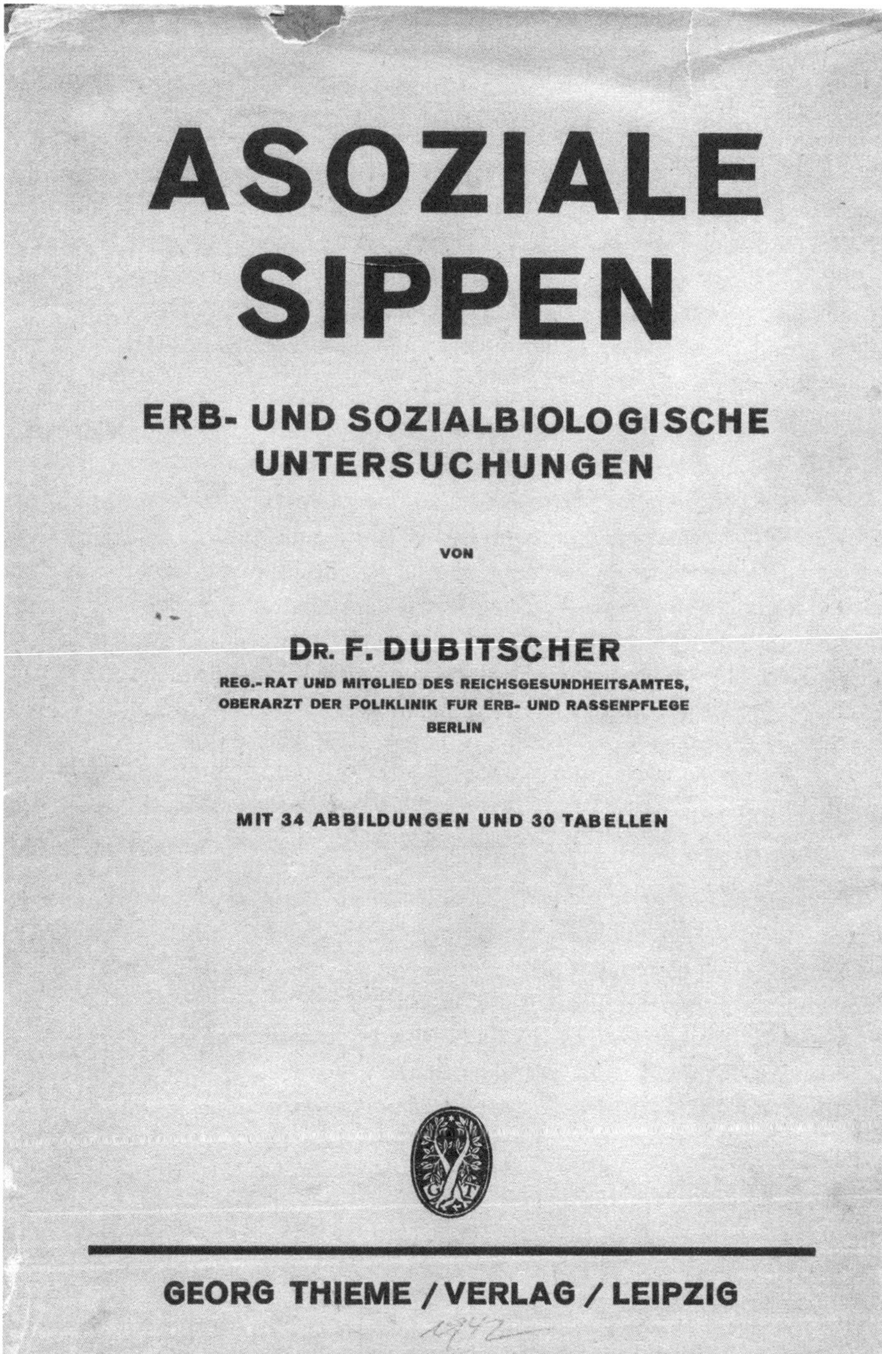

ASOZIALE SIPPEN

ERB- UND SOZIALBIOLOGISCHE UNTERSUCHUNGEN

VON

DR. F. DUBITSCHER

REG.-RAT UND MITGLIED DES REICHSGESUNDHEITSAMTES,
OBERARZT DER POLIKLINIK FUR ERB- UND RASSENPFLEGE
BERLIN

MIT 34 ABBILDUNGEN UND 30 TABELLEN

GEORG THIEME / VERLAG / LEIPZIG

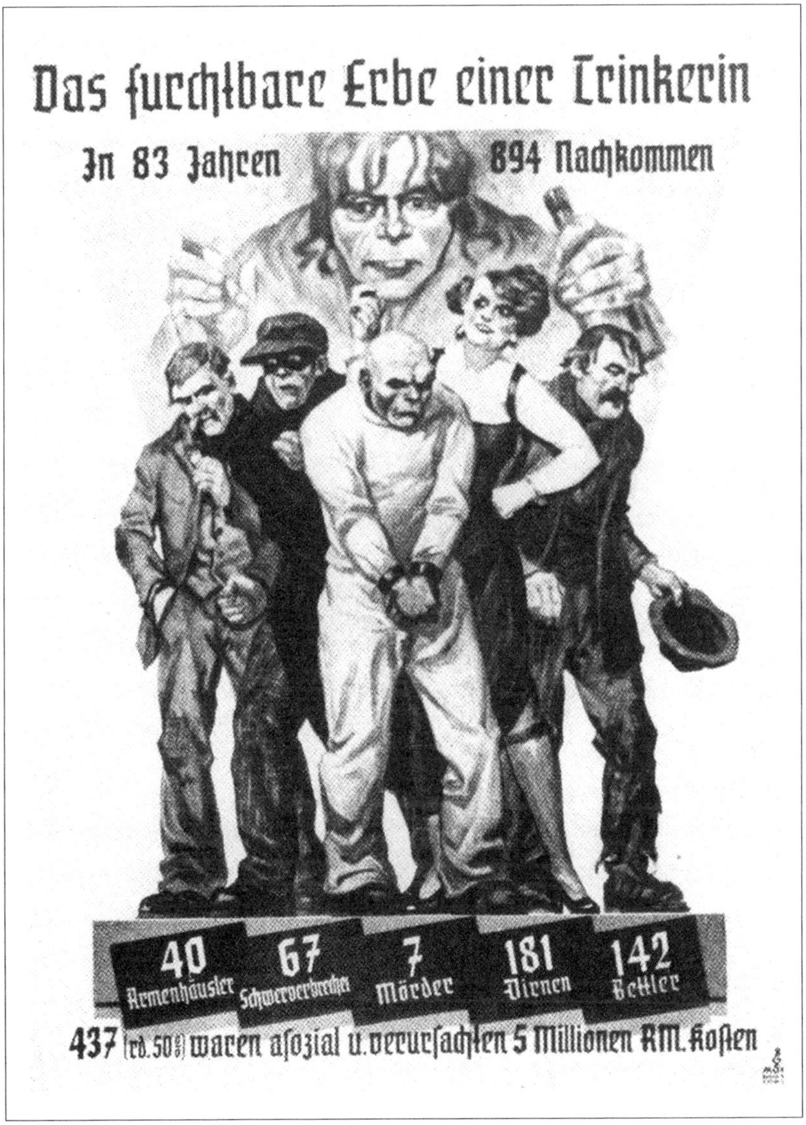

Aus: Volk und Rasse. Illustrierte Monatsschrift für Deutsches Volkstum 10, 1936

3.2 Zwangssterilisationen

Das „Gesetz zur Verhütung erbkranken Nachwuchses" vom 14. Juli 1933 enthielt im reinen Wortlaut keine unmittelbar erkennbare Ausrichtung auf Menschen aus gesellschaftlichen Unterschichten. Der Gesetzestext führte eine Anzahl angeblicher Erbkrankheiten auf, von denen in der Praxis der folgenden Jahre „angeborener Schwachsinn", Schizophrenie und Epilepsie die wichtigste Rolle spielten.

Doch schon die offizielle Begründung des Zwangssterilisationsgesetzes enthüllte seine Stoßrichtung gegen *Minderwertige* und *Asoziale* (abgedr. bei Ayaß 1998, Nr. 9): „Unzählige Minderwertige und erblich Belastete" pflanzten sich – so die im Reichsanzeiger veröffentlichte amtliche Begründung des Gesetzes – „hemmungslos" fort. Der „kranke und asoziale Nachwuchs" der *Minderwertigen* falle der Gesamtheit zur Last. Deren Zwangssterilisation sei eine „Tat der Nächstenliebe" und „wahrhaft soziale Tat".

Als *asozial* eingeschätzte Menschen wurden vorwiegend mit der Diagnose „angeborener Schwachsinn" zwangssterilisiert. Unter „Schwachsinn" verstanden viele Erbgesundheitsgerichte jedoch nicht nur ein über die damaligen Fragebögen messbares Intelligenzdefizit, sondern häufig auch als „moralischer Schwachsinn" bezeichnete unangepasste Lebensweise oder abweichendes Wertesystem. Mit Konzepten wie „Lebensbewährung" und „Gesamtpersönlichkeit" konnten die Erbgesundheitsgerichte auch sozial randständige Personen erfassen, denen „intellektueller Schwachsinn" nicht zugeschrieben werden konnte. Sozialer Werdegang und gescheiterte Erwerbsbiografien galten als entscheidende Indikatoren für die Sterilisationsdiagnose „angeborener Schwachsinn" in dieser ausgeweiteten Form. Armut wurde zur Erbkrankheit erklärt.

3.3 Durchbruch des Begriffs als Sammelbezeichnung

Der Terminus *asozial* erlebte insbesondere ab Mitte der 1930er-Jahre einen rasanten Aufschwung und wurde nun endgültig eine Sammelbezeichnung für soziale Außenseiter und Außenseiterinnen, die zuvor mit anderen Begriffen, die freilich fortbestanden, belegt waren. Es waren nicht nur Polizei und Zentralinstanzen des Regimes, die gegen *Asoziale* vorgingen, auch Wohlfahrtsverbände und örtliche Verwaltungen trugen ihren Teil bei.

Schon ab 1935 veröffentlichte „Der Wanderer", die Monatsschrift der für wohnungslose Männer zuständigen Fürsorgeverbände Bodelschwinghscher Prägung, eine „Fahndungskartei für Asoziale", in der bis 1940 die Namen von etwa 700 Klienten veröffentlicht wurden. Etwa zur gleichen Zeit entstanden als Bestandteil einer „erbbiologischen Erfassung des deutschen Volkes" regionale „Asozialenkarteien".

Um die als *asozial* eingeschätzten Fürsorgeempfänger und -empfängerinnen von den *Wertvollen* zu trennen, richteten einige Stadtverwaltungen besondere Abteilungen ein: die „Sonderfürsorge für Asoziale" (so in Heidelberg) oder „Sonderdienststelle A" (so in Hamburg) hießen. Auch erhielten *Asoziale* in vielen Städten deutlich niedrigere Fürsorgerichtsätze, was mancherorts schon Ende der Weimarer Republik üblich war. Die alte Unterscheidung der Wohlfahrtsämter zwischen *würdigen* und *unwürdigen* Hilfeempfänger/innen wurde überlagert durch die Aufteilung in *Vollwertige* und *Minderwertige*, ohne dass die alten Muster völlig verschwanden. Die für die Fürsorge eigentlich grundlegende Frage der Bedürftigkeit als zentralem Bewilligungskriterium trat zunehmend in den Hintergrund. *Asoziale* ließen sich in allen Tätigkeitsbereichen der Fürsorge und Wohlfahrtspflege finden, wobei in der Regel nicht sämtliche Klientinnen und Klienten zu den *Asozialen* zählten, sondern nur die jeweils unterste Schicht, die als nicht oder kaum noch rettbar galt.

Nach Machtantritt der Nationalsozialisten belebte sich die in der Zeit der Weltwirtschaftskrise abgeflachte Debatte um ein „Bewahrungsgesetz" erneut. Allgemein gingen Fürsorgekreise davon aus, dass die neuen Machthaber das in der Weimarer Republik gescheiterte Gesetz nun zügig einführten. Der Deutsche Verein für öffentliche und private Fürsorge trat bald mit neuen Initiativen auf (vgl. Deutscher Verein 1933; Ayaß 1995, 88f.; Kappeler 2020, 70–89). In den in der Frühphase der NS-Zeit vorgelegten Entwürfen für ein „Bewahrungsgesetz" wurde nicht mehr der – wie auch immer begründete – Schutz der Betroffenen vor sich selbst, sondern der Schutz der „Volksgemeinschaft" vor den zu Internierenden in den Mittelpunkt gestellt (vgl. Gerl 1936; Deutscher Verein 1936). Unterdessen – und das ist entscheidend – handelte man vielerorts so, als gäbe es das Gesetz längst. Insbesondere großstädtische Sozialverwaltungen wollten bei der Internierung von *Asozialen* nicht auf das wiederholt angekündigte, jedoch immer wieder hinausgezögerte und letztlich auch in der NS-Zeit nicht zustande kommende „Bewahrungsgesetz" warten (als Spezialstudie vgl. Steinhöfel 2014).

3.4 Ausdifferenzierung von Bezeichnungen und Definitionen

Da der positiv besetzte Ausdruck *kinderreich* beginnend mit den ab 1935 gewährten Kinderbeihilfen zunehmend ein sozialrechtlicher Begriff wurde, musste für Familien, die als *erblich minderwertig* von fördernden Sozialleistungen ausgeschlossen wurden, eine besondere Bezeichnung etabliert werden, mit der sie

Fahndungskartei für Asoziale.

Mit Erlaubnis verschiedener Landesfürsorgeverbände werden wir fortlaufend als Beilage eine Fahndungskartei nach asozialen Wanderern veröffentlichen. Die Absicht bei dieser Veröffentlichung ist die, daß zunächst dem Uebelstand vorgebeugt wird, daß die namhaft gemachten Asozialen, zwar aus bestimmten Landesteilen verdrängt, ihr asoziales Treiben anderwärts fortsetzen und dadurch Einrichtungen der Wandererfürsorge und sonstige Wohlfahrtsstellen geschädigt werden.

Gleichzeitig bitten wir, auch andere Fürsorgestellen, uns ihre Meldungen dieser Art zugehen zu lassen, um so allmählich eine Fahndungskartei entstehen zu lassen, die erfolgreich und wirkungskräftig dem asozialen Wandern begegnet. Dies scheint uns eine so wichtige Aufgabe zu sein, daß wir die in Frage kommenden Behörden um ihre Mitarbeit freundlichst bitten dürfen.

Landesfürsorge-Verband Westfalen:

Bindewald, Heinrich, geb. 31. 3. 1902 zu Alsfeld. Die blaue Warnkarte vom 9. 12. 1938 ist als erledigt zu betrachten. (Aktz. WF./B. 37.) 22. 7. 1939.

Bremer, Heinz, geb. 13. 7. 1907 zu Siegen, Arbeiter, ist ein asozialer und arbeitsscheuer Mann. Seine letzte Arbeitsstelle in Jöllenbeck hat er nach wiederholter Arbeitsverweigerung grundlos verlassen. Sobald B. als Wanderer auftaucht, ist er sofort der Polizei zwecks Unterbringung in ein Arbeitslager zu übergeben. (Aktz. VIa WF./B. 95.) 29. 9. 1939.

Gehrendorf, Franz, geb. 20. 11. 1875 zu Altena, befand sich in der Arbeiterkolonie Schillingshof in Senne I. Aus dieser ist er am 8. 9. 1939 entwichen. G. ist ein asozialer Mann, der sich seiner Unterhaltspflicht entzieht. Sobald er auftaucht, ist seine Rückführung zu veranlassen und der Anstaltsleitung in Eckardtsheim bei Bielefeld und dem Städt. Wohlfahrtsamt Attendorn Mitteilung zu machen. (Aktz. VIa G. 2536.) 28. 10. 1939.

Georges, Alfred, geb. 1. 3. 1871, Gotha, Beruf: Schmied, hat am 12. 8. 39 die Arbeiterkolonie Schillingshof verlassen. Seit dieser Zeit ist er wiederholt betrunken im Brackweder Gebiet gesehen worden. G. kann sich im freien Leben nicht halten. Sobald er angetroffen wird, ist er der Landespflegeanstalt in Geseke zuzuführen. Vormund des G. ist Diakon Ehmann in Bethel bei Bielefeld. (Aktz. VIa WF./G. 39.) 23. 8. 1939.

Hans, Heinrich, geb. 3. 7. 1865, Lüdinghausen. Die blaue Warnkarte vom 1. 12. 38 ist als erledigt anzusehen. (Aktz. VIa WF./H. 31.) 23. 8. 1939.

Aus: Der Wanderer. Zeitschrift für die gesamte Wandererfürsorge 56, 1939, Nr. 9–10.

diffamiert und entrechtet werden sollten: die *asoziale Großfamilie* (vgl. Knorr 1938a und 1938b). 1939 hieß es im „Nachrichtendienst des Deutschen Vereins“:

> „Nur allzu häufig begegnen die Organe der Volkspflege jenen Großfamilien, deren Nachwuchs lediglich die Volksgemeinschaft belastet und für die deshalb die Bezeichnung ‚asoziale Großfamilie‘ durchaus gerechtfertigt ist“ (Deutscher Verein 1939).

Die Wohlfahrtspflege dürfe solche Familien nicht durch Fürsorgemaßnahmen fördern. Innerhalb der Hamburger Sozialbehörde wurde der neue Begriff ab 1939 sogar explizit vorgeschrieben (vgl. Lohalm 2010, 385). Nicht Kinder um jeden Preis, sondern eine möglichst große Kinderschar aus als *erbgesund* angesehenen *arischen* Familien war die Quintessenz nationalsozialistischer Geburtenpolitik. *Asoziale* sollten keine Kinder bekommen.

Von den *Asozialen* unterschieden wurden bisweilen die *Antisozialen*. Während man die *Asozialen* als eher passiv und antriebsarm schilderte, wurden die *Antisozialen* als aktive Verbrecher bezeichnet (als *Berufsverbrecher* und *Gewohnheitsverbrecher*), die von vornherein nicht in den Zuständigkeitsbereich der Fürsorge fielen, sondern in den der Kriminalpolizei und Strafverfolgungsbehörden. 1936 hieß es in der achten Auflage von „Meyers Lexikon“, *asozial* sei jemand,

> „der sich gegen die ihm von der jeweiligen Gemeinschaft oder Gruppe auferlegten Pflichten und Bindungen innerlich gleichgültig und äußerlich passiv verhält (z.B. Landstreicher, Arbeitsscheue). Die asoziale Haltung wird zur antisozialen durch aktiven Widerstand (z.B. Verbrecher)“.

Ab etwa 1937 verbreiteten sich auch (wenngleich weitaus seltener als *asozial*) die Bezeichnungen *gemeinschaftswidrig* und ab 1939 dann *gemeinschaftsunfähig*. Letzterer ging nicht zuletzt auf das Buch des Leiters des Gießener Instituts für Erb- und Rassenpflege Heinrich Wilhelm Kranz mit dem Titel „Die Gemeinschaftsunfähigen“ zurück (Kranz 1939; Kranz/Koller 1941). Dort hieß es:

> „Gemeinschaftsunfähig ist, wer nach seiner Gesamtpersönlichkeit nicht in der Lage ist, den Mindestanforderungen der Volksgemeinschaft an sein persönliches, soziales und völkisches Verhalten zu genügen“ (Kranz/Koller 1941, 160–162).

Ebenfalls 1939 entstand – eng bezogen auf ein geplantes, aber trotz umfangreicher Vorarbeiten nicht zustande gekommenes „Gemeinschaftsfremdengesetz“ – der neue Begriff *gemeinschaftsfremd*. Als Antipol zur „Volksgemeinschaft“ eignete sich *gemeinschaftsfremd* eigentlich weitaus besser als das längst weitverbreitete Fremdwort *asozial,* zumal der für die NS-Ideologie so zentrale Bezugspunkt *Gemeinschaft* explizit genannt wurde (vgl. Stolleis 1972). Zudem konnte sich *gemeinschaftsfremd* in Begrifflichkeiten wie *Fremdarbeiter, Fremdvölkische* und *Volksfremde* einreihen. Doch durchgesetzt hat sich *gemeinschaftsfremd* nicht mehr; dieser neue Begriff ist (jenseits des Zusammenhangs „Gemeinschaftsfremdengesetz") in Akten und Veröffentlichungen nur selten zu finden (vgl. Keßler/Zarncke o.J. [1945]). Im Gegensatz zu *asozial* verschwand *gemeinschaftsfremd* nach dem Zweiten Weltkrieg sofort.

Dass *asozial* ein Sammelbegriff war, war den Akteuren der Nazizeit durchaus bewusst. Bis zuletzt erklärte sich *asozial* und *gemeinschaftsfremd* nicht von selbst, sondern musste langatmig und mit vielen Spiegelstrichen mit alteingeführter bzw. vermeintlich volkstümlicher Begrifflichkeit erläutert werden. Insbesondere in den ausgearbeiteten Entwürfen für das „Gemeinschaftsfremdengesetz" trieb das seltsame Blüten: Da war von *Tunichtguten, Störenfrieden, Taugenichtsen* und *Tagedieben* die Rede (vgl. die bei Ayaß 1998 abgedruckten acht Entwürfe für ein „Gemeinschaftsfremdengesetz" [Nr. 87, 100, 114, 123, 140, 141, 149, 153]). Diese Begriffe tauchten wohlgemerkt direkt in den Gesetzentwürfen auf.

Die früheste Definition von *asozial* durch eine Reichsinstitution entstand im April 1938 im Zusammenhang mit der KZ-Internierung von *Asozialen* (siehe dazu unten Kap. 3.5). Die für konkretes Verwaltungshandeln der Gesundheitsämter und der Kommunen bedeutsamste Definition von *asozial* waren die am 18. Juli 1940 im „Reichsministerialblatt für die Innere Verwaltung" veröffentlichten „Richtlinien für die Beurteilung der Erbgesundheit" des Reichsinnenministeriums, mit denen der Ausschluss von sozialen Leistungen vereinheitlicht werden sollte. *Asozial* erschien hier erstmals in einem öffentlich publizierten Ministerialerlass:

> „Von allen in Frage kommenden Maßnahmen und dem Bezug jeder Zuwendung auszuschließen sind asoziale Personen und Angehörige asozialer Familien. Asozialer Nachwuchs ist für die Volksgemeinschaft vollkommen unerwünscht. Daher können asoziale Familien mit vielen Kindern niemals als ‚kinderreich' angesehen werden."

Der damit gemeinte Personenkreis wurde in den „Richtlinien für die Beurteilung der Erbgesundheit" wie folgt gefasst:

> „Als asozial (gemeinschaftsfremd) sind Personen anzusehen, die aufgrund einer anlagebedingten und daher nicht besserungsfähigen Geisteshaltung 1. fortgesetzt mit Strafgesetzen, der Pol[izei] und

> den Behörden in Konflikt geraten, oder 2. arbeitsscheu sind und den Unterhalt für sich und ihre Kinder laufend öffentlichen oder privaten Wohlfahrtseinrichtungen, insbesondere auch der NSV und dem WHW aufzubürden suchen. Hierunter sind auch solche Familien zu rechnen, die ihre Kinder offensichtlich als Einnahmequelle betrachten und sich deswegen für berechtigt halten, einer geregelten Arbeit aus dem Wege zu gehen; oder 3. besonders unwirtschaftlich und hemmungslos sind und mangels eigenem Verantwortungsbewusstsein weder einen geordneten Haushalt zu führen noch Kinder zu brauchbaren Volksgenossen zu erziehen vermögen." (abgedr. bei Ayaß 1998, Nr. 104).

Als vierte Gruppe wurden noch Alkoholiker und Prostituierte genannt.

Trotz vielfältiger Versuche wurde *asozial* jedoch in der NS-Zeit nie abschließend definiert. Je nach Ausgangspunkt aus Polizei, Gesundheitsbehörden, Psychiatrie oder Fürsorge spielten spezifische Aspekte eine Rolle. Der Sammelbegriff blieb diffus und – das ist das Entscheidende – tendenziell ausweitbar. Insbesondere im Zweiten Weltkrieg überschritt *asozial* den Personenkreis des früheren Fürsorgeklientels, auf den sich der Begriff zuvor bezog. Nun glaubte 1942 ein Bremer Betriebsarzt *Asoziale* als „Bummelanten" in seinem Werk ausmachen zu können. Er schlug „drakonische physische Vernichtung" vor (vgl. Ayaß 1998, Nr. 122).

3.5 *Asoziale* in den Konzentrationslagern

Im Frühjahr und Sommer 1938 verhafteten die Gestapo und die Kriminalpolizei bei zwei Verhaftungswellen, die nach dem Krieg als „Aktion Arbeitsscheu Reich" bezeichnet wurden, mehr als zehntausend Männer, darunter Tausende Bettler und Landstreicher (vgl. ausführlich Ayaß 1995, 138–175). Möglich gemacht hatte dies der grundlegende Erlass „Vorbeugende Verbrechensbekämpfung" des Reichsinnenministers Wilhelm Frick vom 14. Dezember 1937, der im April 1938 durch entsprechende Richtlinien des Reichskriminalpolizeiamts ergänzt wurde.

Mit dem damals nicht veröffentlichten „Grunderlass Vorbeugende Verbrechensbekämpfung" tauchte *asozial* erstmals in einem reichsweit gültigen Ministerialerlass auf. Außer bei *Berufsverbrechern* und *Gewohnheitsverbrechern* – so der Grunderlass – könne kriminalpolizeiliche Vorbeugungshaft auch bei einer Person verhängt werden, die durch ihr „asoziales Verhalten die Allgemeinheit gefährdet" (abgedr. bei Ayaß 1998, Nr. 50). Mit einem Durchführungserlass zum Grunderlass vom 4. April 1938 unternahm Reinhard Heydrich als Chef der Sicherheitspolizei und des Sicherheitsdienstes dann den frühesten Versuch auf Reichsebene, *asozial* zu definieren:

> „Als asozial gilt, wer durch gemeinschaftswidriges, wenn auch nicht verbrecherisches, Verhalten zeigt, dass er sich nicht in die Gemeinschaft einfügen will. Demnach sind z.B. asozial: a) Personen, die durch geringfügige, aber sich immer wiederholende Gesetzesübertretungen sich der in einem nationalsozialistischen Staat selbstverständlichen Ordnung nicht fügen wollen (z.B. Bettler, Landstreicher [Zigeuner], Dirnen, Trunksüchtige, mit ansteckenden Krankheiten, insbesondere Geschlechtskrankheiten behaftete Personen, die sich den Maßnahmen der Gesundheitsbehörden entziehen); b) Personen, ohne Rücksicht auf etwaige Vorstrafen, die sich der Pflicht zur Arbeit entziehen und die Sorge für ihren Unterhalt der Allgemeinheit überlassen (z.B. Arbeitsscheue, Arbeitsverweigerer, Trunksüchtige)" (abgedr. bei Ayaß 1998, Nr. 62).

Durch die Einlieferung einer vor 1938 in den Konzentrationslagern weitgehend unbekannten Häftlingsgruppe verdoppelten sich in den deutschen Konzentrationslagern die Häftlingszahlen. Vorübergehend bildeten die mit dem „Schwarzen Winkel" gekennzeichneten *Asozialen* die mit Abstand größte Häftlingskategorie in den bestehenden Lagern. Es waren hauptsächlich Bettler, Landstreicher und mittellose Alkoholkranke, in geringerer Zahl auch Zuhälter und Personen, die mit Unterhaltszahlungen im Rückstand waren (die *säumigen Nährpflichtigen*). Unter den Eingelieferten waren außerdem viele Roma und Sinti (*Zigeuner*). Es handelte sich also um sehr unterschiedliche Menschen, die ab 1938 als *Asoziale* in die Konzentrationslager verschleppt wurden. Gemeinsam war ihnen allenfalls, dass ihre Verfolger sie als *arbeitsscheu* ansahen. Wohnungslose Männer stellten die größte Gruppe. Bei den bald auch eingelieferten Frauen stand der Prostitutionsvorwurf im Mittelpunkt (vgl. Schikorra 2001).

Asozial war in der NS-Zeit mehr als ein ausgrenzender Begriff. *Asozial* wurde Bestandteil des Fürsorgerechts und des Sozialrechts, nicht in Gesetzen, aber – wie gezeigt – in Erlassen, die im Nationalsozialismus faktisch Gesetzeskraft besaßen. Und mit dem „Grunderlass vorbeugende Verbrechensbekampfung" vom Dezember 1937 wurden als *asozial* bezeichnete Menschen eine Kategorie des Polizeirechts und in der Folge die mit dem „Schwarzen Winkel" gekennzeichnete Häftlingskategorie der Konzentrationslager. Tausende kamen ums Leben.

4. Kontinuitäten in der DDR

Gemeinhin wird eine wie auch immer definierte Kontinuität der NS-Zeit in der Bundesrepublik verortet. Aber beim Begriff *asozial* ist dies anders. Er machte nach 1945 vor allem in der Sowjetischen Besatzungszone bzw. der DDR Karriere. *Asozial* hatte als Begriff in der DDR weit mehr Konjunktur als im Westen. Nur die DDR verankerte den Ausdruck in einem Gesetz (vgl. Zeng 2000a; Korzilius 2005; Windmüller 2006; Lorke 2015, 200–221).

Die Frage, ob gesellschaftliche Außenseiter und Außenseiterinnen eingegliedert, geduldet oder radikal ausgeschlossen werden sollen, stellte sich auch der Gesellschaft der DDR. Seit dem „Kommunistischen Manifest" von 1848 sahen Sozialisten in den im Klassenkampf korrumpierbaren *Lumpenproletariern* eher Gegner als Verbündete. In sozialistischen Ländern wurde das Verhalten der Deklassierten als eine dem sozialistischen Aufbau nicht angemessene Erscheinung angesehen.

4.1 Fehlendes Unrechtsbewusstsein

Die Verfolgung sog. *Asozialer* in der NS-Zeit wurde in der DDR nicht einmal ansatzweise als Unrecht begriffen, aber das war in der Bundesrepublik lange Jahre nicht anders. Wir finden eher Kontinuität als Bruch, wenngleich (wie im Westen) biologistische Erklärungsmuster verschwanden. An den Bewahrungsdiskurs der Weimarer Zeit knüpfte man recht unbekümmert an, bisweilen suchte man nicht einmal neue Begriffe für alte Internierungsfantasien. *Asozial* blieb auch in der DDR ein nicht hinterfragter Sammelbegriff für abweichendes Verhalten unterschiedlicher Form. Gemeinsam war den *Asozialen* der DDR allenfalls, dass sie von Einkünften außerhalb eines geregelten Arbeitsverhältnisses lebten. Der Begriff war weit gefasst, so genügte mitunter schon bloßes Leben auf Kosten von Verwandten für einen Haftbefehl.

Zunächst fällt die schroffe Distanzierung der „politischen" KZ-Häftlinge von den „asozialen" Häftlingen der Konzentrationslager auf. Diese wurden undifferenziert als Kriminelle und als im Lagerleben unzuverlässig beschrieben (vgl. Buchmann 1960, 28; Zörner 1971, 22, 170). In der Erinnerungsliteratur bezeichneten die „Politischen" ihre Inhaftierung zusammen mit „Asozialen und Verbrechern" häufig als zusätzliche Demütigung. In den Lagern hatte man deren Einlieferung nur als taktischen Schachzug der Nationalsozialisten zur Diskreditierung der politischen Gefangenen erlebt.

Dies fand im Ausschluss von Entschädigungsleistungen seine Entsprechung. Wer vor den zuständigen Institutionen angab, aufgrund von *Asozialität*, Homosexualität oder gar Vorstrafen (*Berufsverbrecher*) in ein Konzentrationslager gekommen zu sein, konnte – in deutlicher Parallele zur Praxis in Westdeutschland – keinesfalls auf Entschädigung hoffen (vgl. zur Nieden 2001; 2009; Hölscher 2002, 71–91). Sogar unerwünschtes Verhalten in der Nachkriegszeit (worunter häufig abweichendes Verhalten verstanden wurde) konnte zur Ablehnung bzw. zum nachträglichen Ausschluss wegen *Unwürdigkeit* führen (vgl. zur Nieden 2003).

In der Verwaltungspraxis knüpften die Verantwortlichen in der DDR ungeniert an die NS-Zeit an. Um 1950 existierte in der Ostberliner Verwaltung in einer Dienstanweisung diese Definition:

> „Asozial (gemeinschaftsschädlich) ist, wer sich wegen eines nicht nur vorübergehenden Zustandes körperlicher, geistiger oder sittlicher Unzulänglichkeit nicht in das freie Gemeinschaftsleben, insbesondere in das allgemeine Arbeitsleben einordnen kann oder will und hierdurch die Gemeinschaft, seine Unterhaltsberechtigten oder sich selbst wirtschaftlich, gesundheitlich oder sittlich erheblich schädigt oder gefährdet."

Asozial sei insbesondere, wer „verwahrlost ist oder zu verwahrlosen droht, arbeitsscheu ist oder unwirtschaftlich verhält" (zit. bei Gaida 2022, 187 f.). Das war fast wörtlich aus einer 1938 veröffentlichten Dienstverordnung des Berliner Oberbürgermeisters entnommen (abgedr. bei Ayaß 1998, Nr. 61).

Die Vorgehenspraxis gegen soziale Außenseiter und Außenseiterinnen war in der DDR von einem ständigen Hin und Her zwischen Verschärfung und Milderung der Verfolgungsintensität gekennzeichnet. Die ersten Jahre der Nachkriegszeit waren von erheblicher Rechtsunsicherheit und, daraus folgend, lokalen Initiativen geprägt. Wiederholt mussten die zentralen Organe den Übereifer unterer Stellen bremsen. Eine unsystematische Mischung von altem Recht, neuen Verordnungen und lokalen Entscheidungen bestimmte die Szenerie.

In den 1950er-Jahren wurden die alten Arbeitshäuser – bei unveränderter Rechtsgrundlage (d.h. einschließlich der Verschärfungen des Strafrechts der NS-Zeit!) – in „Heime für soziale Betreuung" umbenannt (vgl. Reichert 1960). Zahlenmäßig blieb die Arbeitshausunterbringung per Strafrecht in der DDR allerdings unbedeutend. Ab August 1961 spielte dann eine „Aufenthaltsverordnung" eine große Rolle (vgl.

Raschka 2005, 334–338; Korzilius 2005, 262–300; Windmüller 2006, 67–84). Diese Verordnung war im Zusammenhang mit dem Mauerbau erlassen worden, diente jedoch vor allem zur „Arbeitserziehung gegenüber arbeitsscheuen Personen" in sog. „Arbeitserziehungskommandos": „Gegen arbeitsscheue Personen kann auf Verlangen der örtlichen Organe der Staatsmacht [...] Arbeitserziehung angeordnet werden" (Verordnung über Aufenthaltsbeschränkung 1961; vgl. Korzilius 2005, 262–301; Windmüller 2006, 67–95). Die Verordnung schuf mit der „Arbeitserziehung" eine im DDR-Recht bis dahin nicht enthaltene neue Form des Freiheitsentzugs. Sie bildete einen wichtigen Zwischenschritt zur wenige Jahre später erfolgten Aufnahme von *asozialem Verhalten* in das Strafrecht der DDR.

Die Zuschreibung von *asozial* blieb in der DDR über die Zeit hinweg recht konstant: Als *deklassiert* und *parasitär* beschriebene Alkoholkranke, Prostituierte, *Arbeitsbummler* ohne Arbeit bzw. mit häufig wechselnden Arbeitsstellen waren die Kerngruppen (zur Prostitution vgl. Brüning 2020). Das unterschied sich zunächst wenig von den *Arbeitsscheuen* vergangener Epochen, wenngleich die in der DDR ohnehin sofort beseitigten Bettler und Landstreicher nicht mehr genannt wurden. Freilich war auch eine Ausdehnung in politische Bereiche unverkennbar. Hinzugekommen waren bis zum Mauerbau vor allem „Währungsspekulanten", „Ost-West-Schieber" und Personen, die sich „illegal bereicherten".

Hauptsächlich in den 1950er- und 1960er-Jahren fand eine ideologische Überhöhung abweichenden Verhaltens statt. *Asoziale* wurden zu fremdgesteuerten Klassengegnern hochstilisiert. Im „Lehrbuch des Strafrechts" der DDR konnte man 1957 lesen, es gäbe Menschen,

> „welche die kapitalistische und insbesondere faschistische Vergangenheit, nicht zuletzt aber auch die ‚abendländische' Missionartätigkeit westdeutscher, westberliner und ausländischer Geheimdienste, Hetz- und Propagandazentralen zu arbeitsscheuen und asozialen Elementen geformt hat" (Deutsches Institut für Rechtswissenschaft 1957, 669).

Der Klassenfeind könne in diesem Milieu „Agenten, Provokateure, Terroristen und Spione" rekrutieren. In späteren Jahren gestand die kriminologische Fachforschung der DDR allerdings ein eigenes in Ostdeutschland entstandenes „negatives Milieu" ein, das sich zunehmend abkapsele und für Erziehungsarbeit kaum erreichbar sei (vgl. hierzu Lindenberger 2005; Blaschke 2008).

Ein erstmals 1970 gedrucktes internes Wörterbuch des Ministeriums der Staatssicherheit der DDR verstand unter *Asozialität* eine Lebensweise, die „in einem extremen Gegensatz zu [...] moralischen und rechtlichen Normen des sozialen

Lebens in der sozialistischen Gesellschaft" stehe. „A. ist eine dem Sozialismus wesensfremde Erscheinung" (Das Wörterbuch der Staatssicherheit 1993, 30f. Die dort abgedruckte Fassung stammt aus dem Jahr 1985). *Asozialität* äußere sich vor allem in Ablehnung geregelter Arbeit, in Spekulationsgeschäften und Prostitution.

Das Vorgehen gegen *Asoziale* in Ostdeutschland erhielt nicht zu unterschätzende Impulse durch die *Parasiten*-Bekämpfung, mit der die Sowjetunion gegen sozial Randständige vorging, wenngleich die DDR den *Parasiten*-Begriff nicht in ihre Verordnungen und Gesetze aufnahm (vgl. Korzilius 2005, 267–273; Raschka 2005, 323–334; Windmüller 2006, 69–72). Ab Mitte der 1950er-Jahre entstanden in einzelnen Sowjetrepubliken, 1961 dann auch in der russischen Sowjetrepublik sog. „Parasitengesetze", mit denen eine Überwindung *parasitärer Lebensweise* erreicht werden sollte. Zielgruppe waren *Arbeitsscheue*, Bettler und Landstreicher. Die Maßnahmen gegen diese Personengruppen reichten von Zuweisung einer bestimmten Arbeit, über Aufenthaltsbeschränkungen (sprich Verbannung) bis hin zu Freiheitsstrafen.

4.2 Der „Asozialenparagraf" im Strafgesetzbuch der DDR

Im DDR-Duden war *asozial* durchweg verzeichnet. „Meyers Neues Lexikon", die einzige in der DDR erschienene Enzyklopädie, schrieb 1972 in der zweiten Auflage im Stichwort „asozial": „Die Gesellschaft schädigend; meist für das Verhalten deklassierter Elemente gebraucht. Herrschende Ausbeuterklassen verleumden häufig alle revolutionären Kräfte als a." Für diese völlig abwegige und ansonsten nirgendwo zu findende Behauptung gibt es allerdings keinen Beleg.

Unmittelbar dahinter folgte im zitierten Lexikon ein Lemma zu *asozialem Verhalten*:

> „Unserer sozialistischen Gesellschaft als Relikt der kapitalistischen Vergangenheit überkommene Verhaltensweise eines relativ geringen Kreises sozial nicht integrierter Personen, die sich, trotz Arbeitsfähigkeit, aus Arbeitsscheu einer geregelten Arbeit entziehen und zu Lasten der Gesellschaft leben, sich durch Prostitution oder auf andere unlautere Weise Mittel zum Lebensunterhalt verschaffen und dadurch die elementaren Normen des Zusammenlebens in der sozialistischen Gesellschaft missachten. Nach dem StGB der DDR zieht die Gefährdung der öffentlichen Ordnung durch a. V. sowie

> die Verleitung von Jugendlichen zu a. V. strafrechtliche Verantwortlichkeit nach sich" (Meyers Neues Lexikon 1972, 535).

Damit war der 1968 im neuen Strafgesetzbuch der DDR eingeführte § 249 gemeint (vgl. dazu Hirsch 2008, 91–191). Im Abschnitt „Gefährdung der öffentlichen Ordnung durch asoziales Verhalten" war dort geregelt:

> „Wer das gesellschaftliche Zusammenleben der Bürger oder die öffentliche Ordnung dadurch gefährdet, dass er sich aus Arbeitsscheu einer geregelten Arbeit hartnäckig entzieht, obwohl er arbeitsfähig ist, oder wer der Prostitution nachgeht oder wer sich auf andere unlautere Weise Mittel zum Lebensunterhalt verschafft, wird mit Verurteilung auf Bewährung oder mit Haftstrafe, Arbeitserziehung oder mit Freiheitsstrafe bis zu zwei Jahren bestraft."

Bei Rückfall betrug der Strafrahmen sogar fünf Jahre.

Im Vorfeld gab eine „Gefährdetenverordnung" vom 15. August 1968 den örtlichen Verwaltungen und den Betrieben weitgehende Kontrollkompetenzen für das Vorgehen gegen Personen, die „durch asoziale Lebensweise oder durch grobe Verletzung der Regeln des gesellschaftlichen Zusammenlebens kriminell gefährdet sind". Konkret benannt wurden *Arbeitsscheu*, Beschaffung des Lebensunterhalts auf „unlautere Weise" und „ständiger Alkoholmissbrauch" (Verordnung über die Aufgaben der örtlichen Räte 1968, 751; vgl. Korzilius 2005, 388–391; Windmüller 2006, 203–229).

Doch erst in der Honecker-Ära kam die *Asozialen*verfolgung der DDR zu ihrem Höhepunkt. Unter seiner Führung fand die Bekämpfung *asozialen Verhaltens* 1976 sogar Eingang in das SED-Programm. Die Partei forderte dort auf, „einen entschiedenen Kampf gegen Rechtsverletzungen, gegen asoziales Verhalten und Rowdytum sowie gegen Alkoholmissbrauch zu führen" (Schneider 1977, 111). § 249 des Strafgesetzbuchs der DDR wurde 1979 noch verschärft. „Hartnäckige" Arbeitsverweigerung war für eine Verurteilung nun nicht mehr erforderlich. In einer internen Dienstanweisung des Obersten Gerichts der DDR aus dem Jahr 1980 wurden unter *asozialem Verhalten* unter anderem unlautere Mittel wie Auto- und Währungsspekulationen verstanden, auch Glücksspiel, Verkauf nichtbezahlter Gegenstände, Herumtreiben und Übernachtung in Parkanlagen und Bahnhöfen, Bereitstellung der Wohnung als Treffpunkt für *Asoziale, Kriminelle* und *Gefährdete* (vgl. Schroeder 1987, 1005).

Während in der Bundesrepublik in den Jahren 1967 bis 1973 alle – ohnehin kaum noch angewendeten – straf- und fürsorgerechtlichen Varianten zur Internierung von *Verwahrlosten* und *Arbeitsscheuen* ersatzlos beseitigt wurden, schuf

r mitwirkte. A. führte
ophisch-reflexiven, teils
itischen Versen den Stil
wacki, H. Heine) weiter
s damals aktuellen evo-
on ihm erschienen «Ge-
), Naturlyrik «In der
orische («Cola Rienzi»,
bezogene Dramen («Der
Banne der Vorurteile»;
888).
m: tätiger Vulkan im
rk auf der japanischen
von Kumamoto; be-
ra der Welt (255 km²),
em fruchtbaren Krater-
b.

Asow; Stich 1699

griech. *Aisopos*, griechi-
. Jh. v. u. Z. Seine Le-
vielen legendären Zü-

reich an Fischen (Zander, Stör, Hering, Anchovis); von Mitte März bis November eisfrei. Im NO die Bucht von Taganrog, im westlichen Teil das † Faule Meer. Tab.

asozial [<griech. + lat.]: die Gesellschaft schädigend; meist für das Verhalten deklassierter Elemente gebraucht. Herrschende Ausbeuterklassen verleumden häufig alle revolutionären Kräfte als a.

asoziales Verhalten: unserer sozialistischen Gesellschaft als Relikt der kapitalistischen Vergangenheit überkommene Verhaltensweise eines relativ geringen Kreises sozial nicht integrierter Personen, die sich, trotz Arbeitsfähigkeit, aus Arbeitsscheu einer geregelten Arbeit entziehen und zu Lasten der Gesellschaft leben, sich durch Prostitution oder auf andere unlautere Weise Mittel zum Lebensunterhalt verschaffen und dadurch die elementaren Normen des Zusammenlebens in der sozialistischen Gesellschaft mißachten. Nach dem StGB der DDR zieht die Gefährdung der öffentlichen Ordnung durch a. V. sowie die Verleitung Jugendlicher zu a. V. strafrechtliche Verantwortlichkeit nach sich. S. a. Arbeitserziehung 2.

ASPAC [engl. 'æspæk] *m*, Kurzwort aus *Asian and Pacific Council* ['e:ʃən ænd pə'sifik 'kaunsl; engl., «Asiatisch-Pazifischer Rat»]: am 16. 6. 1966 in Söul gebildete Organisation Australiens, Japans, Malaysias, Neuseelands, der Philippinen, Südkoreas, Südvietnams, Taiwans und Thailands, als deren offizielles Ziel die Verstärkung der wirtschaftlichen, technischen, sozialen und kulturellen Zusammenarbeit angegeben wird. In Wirklichkeit war die Bildung des A. ein Versuch, angesichts des permanenten Verfalls des Südostasien-

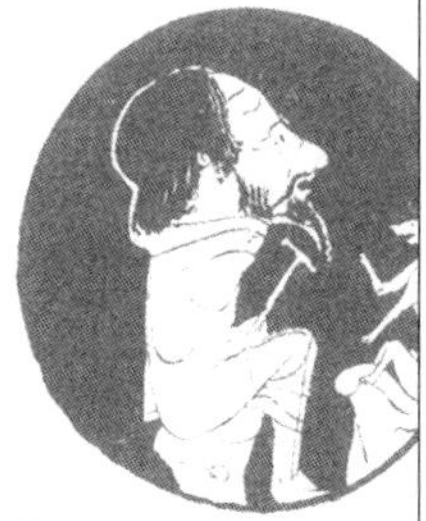

Äsop und der Fuchs. Klassische Darstellung a einer Tonschale

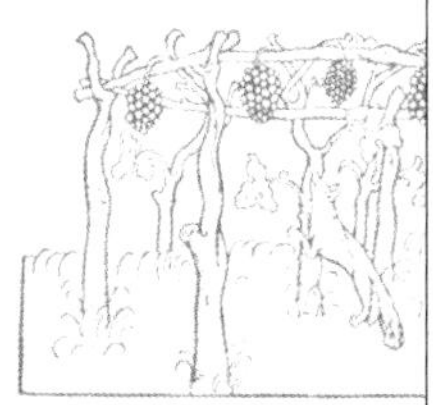

Äsop: Der Fuchs und di Trauben. Holzschnitt au der Ulmer Äsopausgabe

Meyers Neues Lexikon, 2. völlig neu erarbeitete Auflage, Leipzig 1972, Bd. 1, S. 535

das neue Strafrecht der DDR von 1968 genau in dieser Zeit seinen speziellen *Asozialen*paragrafen. Erfasst wurden vor allem ungelernte junge Männer ohne Schulabschluss, der Zugriff betraf auch Jugendsubkulturen (vgl. mit Fallanalysen Zeng 2000b; Berbig 2007; Lenski 2018). Die Zahlen waren enorm hoch und fanden mit 14.000 Verurteilungen im Jahr 1973 (als man für die Weltjugendspiele das Land von unbequemen Aussteigern und *Gammlern* säuberte) ihren Gipfel. Ein weiterer Höhepunkt wurde 1982 mit 12.000 Urteilen erreicht. § 249 blieb mit hohen Verurteilungszahlen bis zum Ende der DDR als zentrales Instrument der Sozialdisziplinierung bestehen. Unglaublicherweise stellten 1988 die angeblich *Asozialen* knapp ein Viertel aller in der DDR zu Freiheitsstrafe Verurteilten (vgl. Luther/Weis 1990, 291).

5. Allmähliche Distanzierung in der Bundesrepublik

Die Unterdrückung sozial nicht angepasster Menschen während des Nationalsozialismus begriff auch die westdeutsche Nachkriegsgesellschaft lange nicht als NS-spezifisches Unrecht. Erst im Jahr 2020 beschloss der Bundestag – initiiert von einer kleinen Gruppe engagierter Wissenschaftlerinnen und Wissenschaftler – die von den Nationalsozialisten als *Asoziale* und *Berufsverbrecher* verfolgten Menschen anzuerkennen (vgl. Feuerbach 2023; Hörath 2017). Auch die Zwangssterilisationen, deren tiefgreifende psychische Auswirkungen erst spät zur Kenntnis genommen wurden, galten jahrzehntelang nicht als NS-spezifisches Verbrechen. Die oft wegen Kleinigkeiten verhängten harten Urteile der Strafgerichte der NS-Zeit blieben in den Vorstrafenregistern verzeichnet. Auch blieb die noch aus der Zeit des Kaiserreichs stammende Kriminalisierung von Armut zunächst bestehen. Die Arbeitshäuser wurden erst Ende der 1960er-Jahre abgeschafft (vgl. Ayaß 1992, 342–345). Bettelei, Landstreicherei und Prostitution blieben bis zur Strafrechtsreform der 1970er-Jahre Delikte des Strafgesetzbuchs. Auch im Fürsorgerecht gab es weiterhin freiheitsbeschränkende Eingriffsmöglichkeiten.

Weniger als die meisten übrigen Verfolgten konnten die sozialen Außenseiter und Außenseiterinnen mit öffentlicher Unterstützung und Rehabilitation rechnen. Das harte Vorgehen gegen *Asoziale* wurde in der öffentlichen Meinung oft zu den positiven Seiten der Nazizeit gezählt. Menschen, die aus sozialen Gründen verfolgt worden waren, verschwiegen dies daher oft. Die vor allem bei den „Politischen" bald erschienenen autobiografischen Berichte über erlittene KZ-Haft fehlen bei den Häftlingen mit dem „Schwarzen Winkel" fast vollständig (jedoch Kowollik 1945). Eine Verfolgtenorganisation dieser Häftlingskategorie ist nie entstanden. Die nach 1945 gegründeten Verfolgtenverbände hatten auch im Westen nichts Eiligeres zu tun, als sich von *Asozialen* und *Berufsverbrechern* zu distanzieren. *Asoziale* – darüber waren sich die politisch Verfolgten einig – waren des Verfolgtenstatus nicht würdig.

> „Anfangs gab es nur politische Häftlinge, Sozialdemokraten, Kommunisten, christliche und liberale Politiker. Um sie in der Öffentlichkeit als minderwertige Menschen zu diffamieren, wurden Kriminelle und sog. ‚Asoziale' ins Lager eingeliefert" (Konzentrationslager Dachau 1978, 54).

Mit diesem Text wurde in der KZ-Gedenkstätte Dachau noch in den 1980er-Jahren die berühmte Übersichtstafel mit den verschiedenen Farben der „Winkel", die die unterschiedlichen KZ-Häftlingsgruppen tragen mussten, erläutert. Dieser

Satz blieb lange die einzige Erwähnung der *Asozialen* in der gesamten Dachauer Ausstellung. In den Gedenkstätten und in der Forschung über den Nationalsozialismus zählten die inhaftierten Außenseiter und Außenseiterinnen lange zu den „verleugneten Opfern", die man in der Regel entweder verschwieg oder nachträglich nochmals diffamierte (vgl. Ayaß 2009, 16–30).

5.1 Keine Wiedergutmachung für *Asoziale*

KZ-Häftlinge aus der Kategorie der *Asozialen* blieben – wie in der DDR – auch in der Bundesrepublik von Entschädigungszahlungen ausgeschlossen (vgl. Paul 2008; Romey 2009; Sommer 2014). Anträge auf Wiedergutmachung, die von als *asozial* verfolgten Menschen gestellt wurden, sind bis in die 1980er-Jahre durchweg abgelehnt worden. Nach der Zerschlagung des nationalsozialistischen Regimes fehlte ihnen eine Organisation, ein Verband oder zumindest eine prominente Persönlichkeit, die für ihre Entschädigungsansprüche hätte kämpfen können (vgl. Saathoff et al. 2009). Die verfolgten sozialen Außenseiter und Außenseiterinnen waren zu unterschiedlich. Ganz im Gegensatz zur Behauptung der Rassenhygiene stellten sie eben keine fest umrissene gesellschaftliche Unterschicht dar. Die Häftlinge mit dem „Schwarzen Winkel" existierten nicht als soziale Gruppe und sie besaßen insbesondere kein Gruppenbewusstsein.

Für eine Anerkennung mussten nach dem Bundesentschädigungsgesetz politische, rassische, religiöse oder weltanschauliche Verfolgungsmotive nachgewiesen werden. Diese Einschränkung grenzte alle aus Gründen mangelnder Arbeitsleistung oder aufgrund ihres unangepassten Lebenswandels Verfolgte aus. Wer als *asozial* in ein Konzentrationslager verschleppt wurde, konnte grundsätzlich keine Entschädigung erhalten (vgl. van Bebber 2001, 152–160). Wie in der DDR blieben im bundesdeutschen Wiedergutmachungsrecht die „Winkel", die die Nationalsozialisten den verschiedenen Häftlingsgruppen in den Konzentrationslagern zugewiesenen hatten, an den Menschen kleben. Erst in den 1980er-Jahren konnte mit Härtefallregelungen eine gewisse Auflockerung der rigiden ausgrenzenden Wiedergutmachungspraxis erreicht werden.

5.2 Aufgabe des Rechtsbegriffs

In Westdeutschland war *asozial* nach 1945 kein sozialrechtlicher Begriff mehr. Im Gegensatz zum Nationalsozialismus und zur DDR wurde das Wort *asozial* in der Bundesrepublik nie in Gesetzen und Verordnungen verwendet. Im Bundessozialhilfegesetz (BSHG) von 1961 war von *Gefährdeten* die Rede, was jedoch bald durch „Menschen mit besonderen sozialen Schwierigkeiten" ersetzt wurde, wobei es übrigens im Zwölften Buch Sozialgesetzbuch (SGB XII) bis heute geblieben ist.

Das unmittelbar rassenhygienische Vokabular wie *minderwertig* oder *Ballastexistenzen* verschwand nach dem Zweiten Weltkrieg recht schnell, wenn auch nicht vollständig. *Asozial* blieb jedoch vor allem in der Umgangssprache erhalten, aber auch hin und wieder in verschiedenen Zweigen der Wissenschaft.

Auch wichtige Nachschlagewerke zeigten zunächst keine Distanz zum Begriff. 1953 hieß es im „Großen Brockhaus", *Asoziale* seien

> „Menschen, die auf Grund von Mängeln des sittlichen Charakters (häufig Willensschwäche und Hemmungslosigkeit) oder abnormer geistiger Veranlagung (zumeist Schwachsinn, der im alltäglichen Verhalten durch Verschlagenheit verdeckt werden kann) vor den Ansprüchen gemeinsamen Lebens und den Mindestanforderungen eines jeden Gemeinwesens versagen und ausfallen. Dazu gehören Bettler, Landstreicher, Arbeitsscheue, Verwahrloste und Trinker. Die A. stellen einen hohen Anteil der Hilfsschüler, Gewohnheitsverbrecher und Prostituierten" (Der Große Brockhaus 1953, 443).

Erst ab den 1970er-Jahren konnte man in den großen Enzyklopädien lesen, dass *asozial* ein abwertender Begriff sei (zuerst in Meyers Enzyklopädisches Lexikon 1971, 747).

5.3 *Bewahrung* im Bundessozialhilfegesetz

Die deutsche Fürsorge erklärte sich nach dem Zweiten Weltkrieg zum Opfer der NS-Zeit, die man ausblendete, um recht bruchlos wieder an die Fürsorgedebatten der Weimarer Republik anknüpfen zu können. In kaum zu überbietender Geschichtsvergessenheit kramten Fürsorgekreise bereits 1946 wieder die alten Forderungen nach einem „Bewahrungsgesetz" hervor (vgl. Willing 2003, 209–285). Verschiedene Entwürfe bzw. Gesetzesinitiativen versandeten allerdings. Ende 1956 entstand im Bundesinnenministerium die Idee, das „Bewahrungsgesetz" unmittelbar in das geplante Bundessozialhilfegesetz (BSHG) einzubauen. Ab 1962 galt in der Bundesrepublik schließlich ein in diesem Gesetz verstecktes „Bewahrungsgesetz". § 73 BSHG sah im Rahmen der „Hilfe für Gefährdete" zwangsweise Unterbringung in einer „geeigneten Anstalt, in einem geeigneten

Heim oder in einer geeigneten gleichartigen Einrichtung" vor. Sie sollte verhängt werden,

> „wenn 1. der Gefährdete besonders willensschwach oder in seinem Triebleben besonders hemmungslos ist, 2. der Gefährdete verwahrlost oder der Gefahr der Verwahrlosung ausgesetzt ist und 3. die Hilfe nur in einer Anstalt, in einem Heim oder einer gleichartigen Einrichtung wirksam gewährt werden kann".

Hemmungsloses Triebleben und *Verwahrlosung* – eine Distanz zu den Begrifflichkeiten der Bewahrungsdebatten der 1920er- und 1930er-Jahre ist nicht zu erkennen, wenngleich die Bezeichnung *asozial* nicht fällt.

Doch bereits nach fünf Jahren musste die Zwangsunterbringung von *Gefährdeten* aufgrund einer Entscheidung des Bundesverfassungsgerichts wieder aus dem Bundessozialhilfegesetz gestrichen werden. Das höchste deutsche Gericht erklärte 1967 das gemäß § 73 BSHG durchgeführte Einsperren von *Gefährdeten* für verfassungswidrig. Der Staat habe nicht die Aufgabe, seine Bürgerinnen und Bürger zu bessern, und habe deswegen auch nicht das Recht, ihnen die Freiheit zu entziehen, nur um sie zu bessern, solange sie nicht sich selbst oder andere gefährdeten.

Nur kurze Zeit später wurde die Arbeitshausunterbringung aus dem Strafgesetzbuch gestrichen, die ja genau diese Besserung von Bettlern, Landstreichern und Prostituierten zum Ziel hatte. Freilich hatten die Arbeitshäuser in Westdeutschland zuletzt nur noch eine unbedeutende Rolle gespielt.

5.4 *Asozial* im sozialarbeiterischen Fachdiskurs

Im sozialarbeiterischen Fachdiskurs wurde *asozial* seit der NS-Zeit spürbar zurückgedrängt, ist aber vor allem Anfang der 1950er-Jahren durchaus noch zu finden und wurde bisweilen wie selbstverständlich verwendet. 1949 beklagte sich der „Nachrichtendienst des Deutschen Vereins" darüber, dass durch die Aufhebung der Arbeitshäuser in der amerikanischen Besatzungszone Menschen freikämen, „die sich bisher in erheblichem Umfange asozial verhalten haben" (Deutscher Verein 1949).

In der neugegründeten „Zeitschrift für das Fürsorgewesen" berichtete 1950 ein Mitarbeiter eines städtischen Sozialamts mit durchaus kritischen Tönen, aber ohne auf den Begriff zu verzichten, über „Asoziale als Objekt der öffentlichen Fürsorge" (Stracke 1950). In den alteingesessenen „Blättern der Wohlfahrtspflege" thematisierte 1949 ein Heimerzieher die „Asozialenfrage". Der Autor hatte bereits 1941 – damals noch am Berliner Arbeitshaus Rummelsburg tätig – unter demselben Titel über das Thema publiziert (Tress 1941/42; 1949). Ein Jahr später sah in dieser Zeitschrift ein Stuttgarter Pfarrer die „Notwendigkeit einer Verwahrung der Asozialen und Kriminellen" (Guther 1950). Auch Georg Steigertahl, jahrzehntelang einer der profiliertesten Experten für zwangsweise *Bewahrung* (er leitete von 1926 bis 1950 die Wohlfahrtsanstalten Hamburgs), nutzte noch 1955 *asozial* ohne jede Distanzierung (Steigertahl 1955).

Allgemein geläufig war der Begriff *asozial* in der Sozialen Arbeit der Nachkriegszeit allerdings nicht mehr. Auf dem seit 1946 wieder durchgeführten „Deutschen Fürsorgetag", dem wichtigsten sozialarbeiterischen Kongress, spielte *asozial* keine Rolle mehr, was 1952 mehrere Diskutanten nicht daran hinderte, von der „Notwendigkeit der Bekämpfung des Bettlerunwesens" zu sprechen (vgl. Deutscher Verein 1952, 423). Als der Fürsorgetag 1959 in bemerkenswerter Offenheit über Hilfen, aber auch Kontroll- und Zwangsmaßnahmen für *Gefährdete* diskutierte, worunter man vor allem *Nichtsesshafte* (zur Geschichte des Begriffs vgl. Ayaß 2013) und Prostituierte, aber auch *Halbstarke* verstand, fiel der Begriff *asozial* nicht ein Mal (Deutscher Verein 1960, 151–194).

Asoziale wurden nun vor allem in den städtischen Obdachlosensiedlungen verortet, und wenn in den 1950er- und 1960er-Jahren von *Asozialen* die Rede war, meinte man vorwiegend die Familien dieser Behelfsunterkünfte (vgl. Linke 1954; Arnold 1954; Stralau 1957). Solche aus Holzbaracken, alten Eisenbahnwaggons und den Wohnwagen der *Landfahrer* zusammengeschusterte Lager hatte jede Stadt. Diese Paradebeispiele sozialer Ausgrenzung konnten erst in den 1970er- und 1980er-Jahren mühsam Schritt für Schritt aufgelöst werden.

5.5 *Asozial* in anderen Wissenschaften

Einige wissenschaftliche Veröffentlichungen der Nachkriegszeit widmeten sich recht unbekümmert dem *Asozialen*thema. Noch während des Zweiten Weltkriegs begonnen, aber erst 1947 abgeschlossen und veröffentlicht wurde die Monografie „Die Asozialen" des Hamburger Privatdozenten für Versicherungs- und Sozialmedizin Hans Göbbels (Göbbels 1947). Das Buch war eine reine Literaturarbeit ohne empirische Grundlage. Über weite Strecken wird über die Begriffsbestimmung von *Asozialität* mit einer dann unvermeidlichen Typeneinteilung nachgedacht. Als Maßnahme wurde vor allem die Anstaltsunterbringung vorgeschlagen. Die Pläne Göbbels' gipfelten im Vorschlag eines zu „erlassenden Spezialgesetzes über die Behandlung Gemeinschaftsunfähiger". Auch befürwortete der Autor eugenische Maßnahmen der, wie er schrieb, „wirksamen Eindämmung auch des Nachwuchses der Asozialen" (ebd., 262, 264).

Die wohl wichtigste einschlägige Nachkriegsveröffentlichung war die 1961 gedruckte Habilitationsschrift des Kieler Bevölkerungswissenschaftlers Hans Wilhelm Jürgens mit dem Titel „Asozialität als biologisches und sozialbiologisches Problem" (Jürgens 1961; vgl. Weß 1986). Jürgens, der bis 1997 als Professor am Anthropologischen Institut der Universität Kiel lehrte, war ab 1974 für ein halbes Jahrzehnt Direktor des Bundesinstituts für Bevölkerungsforschung.

Im Gegensatz zu Göbbels hatte Jürgens' Forschung eine empirische Grundlage. Er nahm für sich in Anspruch, Daten von 443 von ihm als *asozial* eingeschätzten Familien der Stadt Kiel und eine angebliche „Stichprobe" von 814 Einzelpersonen des Landes Schleswig-Holstein ausgewertet zu haben. Grundlage waren Akten, die ihm verschiedene Behörden zur Verfügung gestellt hatten. Im Kapitel „Die Volksgemeinschaft und die Asozialen" schrieb er, es sei

> „erforderlich, die Asozialität aktiv zu bekämpfen. Diese Bekämpfung wird sich auf längere Sicht gesehen, nicht auf fürsorgerische und pädagogische Maßnahmen beschränken. Die Forderung einer wirksamen Begrenzung und Ausschaltung des Nachwuchses der Asozialen wird daher immer wieder auftauchen" (Jürgens 1961, 161).

Mit solchen Aussagen konnte man sich 1961 an einer bundesdeutschen Universität habilitieren.

In der deutschen Soziologie wurde in ihren Schichtungsmodellen bzw. Theorien zu abweichendem Verhalten *asozial* nie als Kategorie verwendet. Es erschienen keine Monografien zum Thema, Aufsätze nur ganz vereinzelt (vgl. Hesse 1952/53). Die meisten, aber längst nicht alle soziologischen Lexika der Nachkriegszeit enthielten das Lemma *asozial,* in der Regel – wie es sich gehört – nüchtern-distanziert erläutert. Das „Wörterbuch der Soziologie" schrieb 1955 seltsamerweise, *asozial* sei eine „werturteilsfreie Sammelbezeichnung für das Verhalten von Menschen, die sich bestimmten allgemeingültigen gesellschaftlichen Normen nicht anpassen wollen oder können" (Mierendorff 1955). Ab 1970 erwähnte der Mainzer Professor Helmut Schoeck in den vielen Auflagen seines „Soziologischen Wörterbuchs" (mit kritischer Distanz zum Begriff) auch die

DIE ASOZIALEN

ÜBER WESEN UND BEGRIFF DER ASOZIALITÄT

EINE CHARAKTEROLOGISCH-SOZIALPSYCHOLOGISCHE STUDIE
ALS BEITRAG ZUM ASOZIALENPROBLEM

—

DR. MED. HABIL. DR. JUR. HANS GÖBBELS
HAMBURG

1 9 4 7

H. H. NÖLKE VERLAG · HAMBURG

Verfolgung von *Asozialen* im Nationalsozialismus, die in anderen Lexika nicht thematisiert wurde (Schoeck 1970, 30 f.).

In der Kriminologie hatte man hingegen zunächst wenig Berührungsängste mit dem Begriff. Der Münchener Professor für Strafrecht und Kriminologie Franz Exner – er war am Rande in das geplante „Gemeinschaftsfremdengesetz" involviert – widmete 1944 in der zweiten Auflage seines einflussreichen Lehrbuchs „Kriminalbiologie" den *Asozialen* einen langen Abschnitt, der 1949 fast wörtlich in der erst posthum erschienenen dritten Auflage (nun unter dem Titel „Kriminologie") wiederholt wurde (Exner 1944, 302–305; 1949, 295–297; vgl. Fuchs 2008). Freilich betonte Exner, dass die *Asozialität* sowohl anlage- als auch umweltbedingt sein könne.

1966 veröffentlichte der Innsbrucker Nervenarzt Friedrich Stumpfl in der zweiten Auflage des „Handwörterbuchs der Kriminologie" unter dem Titel „Asozialität" einen 14-seitigen Artikel. Stumpfl, der seit 1935 eine Reihe rassenhygienischer Veröffentlichungen vorgelegt hatte, schrieb nun, die *Asozialen* seien durch ihr *Schmarotzertum* eine Gefahr für andere:

> „Denn sie haben kein Empfinden für Recht und Unrecht, für Treue, Wahrhaftigkeit und Ordnung, sind in ihrem Willen abnorm bestimmbar und ermangeln einer wirklichen Begabung. Ihrem Wesen nach sind sie passive Gesellschaftsschädlinge" (Stumpfl 1966, 62).

Das Kriminalitätspotenzial der *Asozialen* sei allerdings gering.

Aus dem Zweig der empirischen Polizeiforschung stammt die letzte wissenschaftliche Buchveröffentlichung, die *Asozialität* im Titel trägt. Der Heidelberger Fachhochschullehrer Edmund Funke untersuchte 1990 die „Einstellung von Polizeibeamten gegenüber ‚Asozialität', ‚Asozialen' und ‚asozialem Verhalten'" (Funke 1990; vgl. Funke 1985). Gleich dreimal *asozial* in einem einzigen Buchtitel – aber immerhin in Anführungszeichen, und der Autor sah die Begriffe überaus kritisch. Sie seien Zuschreibungen anderer, Etiketten, „soziale Images". Der von dem Chicagoer Soziologen Howard S. Becker maßgeblich entwickelte Etikettierungsansatz (*labeling approach*) lieferte für abweichendes Verhalten nun ganz andere Erklärungsmuster als Erbanlage oder ungünstige Milieueinflüsse (Becker 1963).

5.6 Neue Begriffe

In den 1950er- und 1960er-Jahren ging die Zielsetzung für die als *asozial* bezeichneten Personen Schritt für Schritt wieder zurück auf Verhaltensbesserung und, falls diese nicht zu erreichen sei, notfalls *Bewahrung*. Es war nun nicht mehr wie in der Nazizeit vom Ausschluss der Außenseiter und Außenseiterinnen aus der *(Volks-)Gemeinschaft* und rassenhygienischer *Ausmerzung* die Rede, sondern zunehmend von *Resozialisierung* – ein neues Zauberwort. Diese wurde nicht nur bei Straftätern und Straftäterinnen, sondern auch bei *Nichtsesshaften,* Fürsorgezöglingen und Psychiatriepatienten und -patientinnen erstrebt.

In der Sozialarbeit verbreiteten sich in den 1970er-Jahren neue Begriffe, um – wie man jetzt sagte – abweichendes Verhalten bzw. Devianz zu beschreiben. Gängig wurden nun die in der amerikanischen Soziologie zuerst thematisierten *Randgruppen*. Damit waren damals vor allem die Strafgefangenen und Haftentlassenen, die Obdachlosen und *Nichtsesshaften,* die Landfahrer, die Behinderten, die psychisch Kranken und die Gastarbeiter und Gastarbeiterinnen gemeint. Die Auflösung der Fürsorgeerziehungsheime und die Öffnung geschlossener Psychiatrien wurde ein wichtiges Thema der 68er-Bewegung. Vorübergehend wurden dabei *Randgruppen* als unangepasst lebendes vermeintliches Unruhepotenzial sozialromantisch überhöht.

Wer Ende der 1970er-Jahre in Psychiatrie, Pädagogik oder Sozialer Arbeit seine Klientinnen und Klienten als *Asoziale* bezeichnete, zeigte fachliche Inkompetenz und blamierte sich (zumindest bei den jüngeren Kolleginnen und Kollegen). Man sprach jetzt – unter Aufnahme soziologischer Terminologie – lieber von *deklassierten Unterschichtsfamilien* und thematisierte *Ausgrenzung* und später dann *Exklusion*.

In keinem der ab 1977 in rascher Folge erschienenen bundesdeutschen Fachlexika der Sozialarbeit war *asozial* ein eigenständiges Stichwort. In der Sozialen Arbeit, wo sich der Begriff *asozial* in den 1920er-Jahren zuerst etabliert hatte, begann auch sein Rückzug.

Quer über die verschiedenen Wissenschaftsdisziplinen und Sozialberufe hinweg entstand spätestens ab Ende der 1960er-Jahre ein zunehmendes Unbehagen gegenüber dem Begriff *asozial,* der – wenn überhaupt noch – immer distanzierter und in Anführungszeichen verwendet wurde. Eine unkritische Verwendung war nun sehr selten; sie kam aber durchaus noch vor, so etwa 1970 in der Kieler juristischen Dissertation des sozialdemokratischen Landtagsabgeordneten in

Nordrhein-Westfalen Dieter Aderhold mit dem Titel „Nichtseßhaftigkeit" (vgl. Aderhold 1970, 7 f.).

Wer einen unbelasteten Begriff suchte, griff nun vereinzelt zu *dissozial* (v.a. Schüler-Springorum/Sieverts 1965). Der Begriff wurde schon 1925 von dem Wiener Psychoanalytiker und Pädagogen August Aichhorn im Zusammenhang der Fürsorgeerziehung der „verwahrlosten Jugend" verwendet (Aichhorn 1925), ist aber in den Quellen der Zeit des Nationalsozialismus nicht zu finden. In der Nachkriegszeit blieb er jedoch eng auf den wissenschaftlichen Diskurs beschränkt. Durchgesetzt hat sich *dissozial* nicht, weder in der Wissenschaftssprache noch im Alltag. In Günter Hartfiels „Wörterbuch der Soziologie" hieß es schon 1972, *Dissozialität* sei „eine selten gewordene Sammelbezeichnung für alle Formen sozialen Fehlverhaltens" (Hartfiel 1972, 130). Aus dem 1980 erstmals erschienenen „Fachlexikon der Sozialen Arbeit" des Deutschen Vereins für öffentliche und private Fürsorge verschwand das Lemma „dissozial" nach der dritten Auflage wieder. Erhalten blieb der Begriff in der Psychologie als Diagnose „Dissoziale Persönlichkeitsstörung" (vgl. Rauchfleisch 1981).

6. *Asozial* in aktuellen Diskursen

Seit einiger Zeit löst sich der Terminus *asozial* wieder zunehmend vom Bezug auf die gesellschaftlichen Unterschichten. Wie bei seiner Entstehung um 1900 wird der Begriff heute eher vielseitig verwendet. Als die Schriftstellerin Felicitas Hoppe 2012 den Georg-Büchner-Preis, den bedeutendsten Literaturpreis Deutschlands, erhielt, meinte sie in ihrer Dankrede, Schriftsteller sei ein „asozialer Beruf", weil man faktisch immer allein sei (Hoppe 2012). Seit 2016 grölen Fußballfans den Ballermannhit „Auswärts sind wir asozial". Natürlich gibt es auch die dazugehörigen Aufkleber, T-Shirts und Teetassen.

Abb 8: Aufkleber von Fußballfans

Wie eingangs erwähnt, verwenden Punks den Begriff *asozial* gern, sei es als kritisierter Fremdblick, sei es ironisch gewendete Selbstzuschreibung. Schon 1983 sang die Neuwieder Punkband Toxoplasma in ihrem Song „Asozial":

> „Doch da wir uns nicht fügen, sind wir der letzte Dreck, für Etablierte Hirnkastrierte asozial, ihre Welt aus Ordnung, die ist mir zu steril und ihre Freiheit ist wie Stacheldraht."

Auch in der Rapperszene ist *asozial* weit verbreitet (vgl. Wiese 2021). Gangsta-Rapper Bushido bekundete 2007 in seinem Song „Alles verloren": „Ich bin vorbestraft, asozial und tätowiert." Der aus Brandenburg stammende und stark ostnostalgische Rapper Finch nannte sich bis 2021 „Finch Asozial".

Im Mai 2013 bemerkte der damalige Bundespräsident Joachim Gauck zur Steuersünderdebatte, die die Verurteilung des Fußballvereinspräsidenten Uli Hoeneß entfacht hatte, in einem Interview: „Wer Steuern hinterzieht, verhält sich verantwortungslos oder gar asozial" („Stern" vom 2. Mai 2013). Die prominente Äußerung wurde vielfach kommentiert. In der „Süddeutschen Zeitung" wurde kritisiert: „‚Asozial' klingt nicht mehr nach Fehler, es klingt nach einem zentralen Charaktermerkmal" (Braun 2013, 4).

Die „asozialen Steuerhinterzieher" sind typisch für die neuere Entwicklung. Längst ist *asozial* im öffentlichen Diskurs auch ein Vorwurf an gesellschaftliche Oberschichten und die Bankenwelt. *Asozial* sind demnach im Blick ordentlicher Bürgerinnen und Bürger nicht nur *verwahrloste* und *arbeitsscheue* Sozialhilfeempfänger und -empfängerinnen, sondern umgekehrt mindestens genauso die Großkonzerne und die Superreichen. Ein Beispiel aus der Tagespresse: „Die Asozialen. Apple, Nike, Amazon und Co. verhöhnen nicht ‚den Staat'. Sondern uns, ihre Kunden. Der Wettbewerb der Superreichen um die miesesten Steuertricks gefährdet das Gemeinwohl" (Obermeier et al. 2017).

Der Vorwurf der *Asozialität* findet sich heute überall. Als im Frühjahr 2021 überraschend schnell ein Corona-Impfstoff zur Verfügung stand, konnte man hören, die „Impfdrängler" seien *asozial*, nur wenige Wochen später, als sich der Engpass der Impfstoffe entspannt hatte, galt das Gleiche dann für die „Impfschwänzer".

Die Ausweitung des Asozialenbegriffs zeigt sich auch in Situationen wie dieser: Als 2016 die damalige Fraktionsvorsitzende der Linkspartei auf einem Parteitag mit brauner Torte beworfen wurde, meinte ihr geschockter Co-Vorsitzender: „Das ist asozial, das ist hinterhältig, das ist dumm" (ZEIT ONLINE, 29. Mai 2016). Tortenwerfer sind also *asozial*. Das Beispiel zeigt, dass die Bezeichnung nun auch als Synonym für Niedertracht verwendet wird.

Fünf thematisch recht unterschiedliche gesellschaftskritische Sachbücher enthielten in den letzten Jahren *asozial* im Titel. Jenseits der reißerischen Cover spielt *asozial* als Begriff in diesen Büchern jedoch keine oder bestenfalls eine untergeordnete Rolle. Schon 2004 war ein Buch über die „Asoziale Marktwirtschaft" lange ein Bestseller (Weiss/Schmiederer 2004). Dahinter verbirgt sich ein knochentrockenes Sachbuch aus dem „Nieten in Nadelstreifen"-Genre, in dem das Wort *asozial* überhaupt nicht vorkommt. 2012 erschien, geschrieben von einem mehrfach preisgekrönten „Stern"-Reporter, das Buch „Die Asozialen. Wie Ober- und Unterschicht unser Land ruinieren – und wer davon profitiert" (Wüllenweber 2012). Der Titel klingt vielversprechend, thematisiert er doch die erwähnte Tendenz, *Asozialität* nicht nur bei der Armutsbevölkerung zu suchen. Doch auch in diesem Buch kommt *asozial* auf mehr als 230 Seiten kein einziges Mal vor, selbst nicht in den überaus drastisch geschriebenen Abschnitten über *verwahrloste* Unterschichtsmütter und untergehende Problemstadtteile. Der Buchtitel war nicht mehr als ein Marketing-Gag des Verlags.

„So demontiert Hartz IV den Sozialstaat" lautet der Untertitel eines 2014 ausgelieferten Taschenbuchs. „A wie Asozial" ist sein Titel, wobei das „A" für das bekannte Arbeitsamtsymbol steht (Reif/Prüwer 2014). Das engagiert und mit viel Detailkenntnis geschriebene Buch (Autorin und Autor haben Hartz-IV-Erfahrung) hätte einen seriöseren Titel verdient. Im Vorwort werden die „asozialen Methoden der Propagandisten und Gesetzesmacher" angeprangert und im Klappentext heißt es: „Nicht die Langzeitarbeitslosen, sondern die Hartz-IV-Maßnahmen verdienen die Bezeichnung asozial." Der Spieß wird zwar herumgedreht, die Bezeichnung bleibt aber erhalten.

Sehr weit weg vom etablierten Diskurs über *Asozialität* schrieb 2015 eine Journalistin auf gut 200 Seiten über „Die neuen Asozialen" (Hoffmann 2016). Der Untertitel lautete: „Wie ‚besorgte Bürger' Deutschland mit Dummheit und rechtem Hass an den Abgrund bringen". Was der Unterschied zwischen neuen und alten *Asozialen* sein soll, erläutert die Autorin nicht. 2021 schließlich erschien ein sozialkritisches Sachbuch eines ansonsten unbekannten Autors, der auf fast 300 Seiten aufzeigt, wie die Unter- und auch die Mittelschichten systematisch benachteiligt und „abgezockt" würden. Es geht um Steuerungleichheit, Mietenpolitik, das Gesundheitssystem, Bildungschancen und Sozialversicherung, kein Bereich des Sozialstaats bleibt unerwähnt. Das Fazit des in den Farben Schwarz-

Rot-Gold gehaltenen Buchs finden wir bereits im Titel: „Deutschland ist asozial" (Krempl 2021).

Wortspielerisch wird die Bezeichnung *sozial* schon seit Langem in ihr *asoziales* Gegenteil verkehrt, wie bei dem erwähnten Buchtitel „Asoziale Marktwirtschaft". Bereits 1965 hieß es bei Alexander Mitscherlich in „Die Unwirtlichkeit unserer Städte", das Wort *sozial* auf den subventionierten Wohnungsbau anzuwenden sei eine Heuchelei, denn dieser „förderte die Ausgliederung des Bürgers aus den städtischen Traditionen, er macht asozial" (Mitscherlich 1965, 39). Längst verbreitet ist auch die Bezeichnung „asoziale Netzwerke" (z.B. Ludes 2018). Am bekanntesten dürfte zuletzt die kabarettistische Gründung eines solchen durch die Figur eines linksradikalen Kängurus sein.

7. Fazit

Was also bleibt vom Begriff *asozial* nach über 100 Jahren? Es wäre ganz falsch, dem Gebrauch des Asozialitätsbegriffs seit 1900 eine ungebrochene Kontinuität zuzuschreiben. Seit sich der Terminus zu Anfang der Weimarer Republik bezüglich sozialer Außenseiter und Außenseiterinnen verfestigte, änderten sich weniger die darunter subsummierten Personenkreise als die zu ergreifenden Maßnahmen. In der NS-Zeit wurde der Vorwurf der *Asozialität* zur tödlichen Bedrohung. Demgegenüber erscheinen die Arbeitshäuser des Kaiserreichs, die geschlossenen Anstalten der Weimarer Zeit und die Arbeitserziehungskommandos der DDR trotz oft langjähriger Internierung als vergleichsweise harmlos.

In Wissenschaft und Fachöffentlichkeit wird der Terminus *asozial* heute als abwertend eingeschätzt und ist seit Langem verpönt. In Sachbüchern, in der Popkultur und im alltäglichen Sprachgebrauch wird *asozial* zunehmend diffus verwendet. Nicht ausschließlich Außenseiter und Außenseiterinnen, sondern auch Marktwirtschaft und Banken, Superreiche und Steuerhinterziehende oder sogar ganz Deutschland werden heute als *asozial* bezeichnet. Nicht selten wird mit dem Begriff auch ironisch gespielt.

Asozial als Vorwurf kann heute nahezu jeden treffen, und als diskriminierendes Schimpfwort wird der Begriff wohl noch lange erhalten bleiben. Die weitgehende Ausdehnung der Bezeichnung auf Verhalten jenseits sozialer Unterschichten macht den Vorwurf der *Asozialität* allerdings letztlich stumpf. Für Prozesse sozialer Ausgrenzung und zur Verfolgung abweichenden Verhaltens ist der Begriff somit glücklicherweise zunehmend unbrauchbar geworden.

Literatur

Aderhold, Dieter (1970): Nichtseßhaftigkeit. Eine Gesamtdarstellung des Problems der Nichtseßhaften in der modernen Gesellschaft nach Erscheinungsformen, statistischer Struktur und Ursachen, Stuttgart.

Aichhorn, August (1925): Verwahrloste Jugend. Die Psychoanalye in der Fürsorgeerziehung, Leipzig/Wien/Zürich.

Andrees, Irmgard (1939): Untersuchungen über eine asoziale Sippe in Münster (Westf.), med. Diss. Münster (Abdruck in: Der Öffentliche Gesundheitsdienst 5, 1939/40, S. 81–101).

Arnold, H(ermann) (1954): Zur Problematik der Belegung von Barackenlagern mit Asozialen, in: Städtehygiene 6, 1954, S. 190 f.

Ayaß, Wolfgang (1992): Das Arbeitshaus Breitenau. Bettler, Landstreicher, Prostituierte, Zuhälter und Fürsorgeempfänger in der Korrektions- und Landarmenanstalt Breitenau (1874–1949), Kassel.

Ayaß, Wolfgang (1995): „Asoziale" im Nationalsozialismus, Stuttgart.

Ayaß, Wolfgang (Bearb.) (1998): „Gemeinschaftsfremde". Quellen zur Verfolgung von „Asozialen" 1933 bis 1945, Koblenz.

Ayaß, Wolfgang (2009): Schwarze und grüne Winkel. Die nationalsozialistische Verfolgung von „Asozialen" und „Kriminellen" – ein Überblick über die Forschungsgeschichte, in: KZ-Gedenkstätte Neuengamme (Hrsg.): Ausgegrenzt. „Asoziale" und „Kriminelle" im nationalsozialistischen Lagersystem, Bremen, S. 16–30.

Ayaß, Wolfgang (2013): „Vagabunden, Wanderer, Obdachlose und Nichtsesshafte": eine kleine Begriffsgeschichte der Hilfe für Wohnungslose, in: Archiv für Wissenschaft und Praxis der sozialen Arbeit 43, 2013, Nr. 1, S. 90–102.

Becker, Howard S. (1963): Outsiders. Studies in the Sociology of Deviance, New York (dt.: Außenseiter. Zur Soziologie abweichenden Verhaltens, Frankfurt a.M. 1981).

Berbig, Beatrice (2007): „Die sind doch asozial!". Soziale Randgruppen in der ehemaligen DDR, Saarbrücken.

Betcke, Werner (o.J. [1939]): Asozialität, in: ders./Althaus, Hermann (Hrsg.): Handwörterbuch der Wohlfahrtspflege, 3. Aufl., Berlin, Sp. 109–112.

Blaschke, Ingeborg (2008): „Kontraproduktive Kriminalisierung". Die heutige Perspektive einer DDR-Juristin auf die Verfolgung „Asozialer" in der DDR (Interview), in: Horch und Guck. Zeitschrift zur kritischen Aufarbeitung der SED-Diktatur 17, 2008, Heft 60, S. 28–31.

Böhner, Margarete (1929): Fürsorge für Asoziale, in: Dünner, Julia (Hrsg.): Handwörterbuch der Wohlfahrtspflege, 2. Aufl., Berlin, S. 252–258.

Braun, Stefan (2013): Sozial und asozial, in: Süddeutsche Zeitung, Nr. 102 vom 3. Mai 2013, S. 4.

Brüning, Steffi (2020): Prostitution in der DDR. Eine Untersuchung am Beispiel von Rostock, Berlin und Leipzig, 1968 bis 1989, Berlin.

Buchmann, Erika (Bearb.) (1960): Die Frauen von Ravensbrück, Berlin (DDR).

Das Wörterbuch der Staatssicherheit (1993): Definitionen des MfS zur „politisch-operativen Arbeit“, 2. Aufl., Bonn.

Der Große Brockhaus (1928), 15. Aufl., Bd. 1, Leipzig.

Der Große Brockhaus (1953), 16. völlig neubearbeitete Aufl., Bd. 1, Wiesbaden.

Der Große Duden (1929): Rechtschreibung der deutschen Sprache und der Fremdwörter, 10. Aufl., Leipzig.

Deutscher Verein für öffentliche und private Fürsorge (Hrsg.) (o.J. [1922]): Die Versorgung asozialer Personen. Gekürzter Bericht über die Tagung der Vorbereitenden Kommission zur Prüfung der Frage der Versorgung asozialer Personen am 7. und 8. Juli 1922 in Bielefeld, Frankfurt a.M.

Deutscher Verein für öffentliche und private Fürsorge (1933): Vorarbeiten für den Erlaß eines Reichsgesetzes zur Regelung der Wandererfürsorge und eines Reichsgesetzes zur Bewahrung verwahrloster und gemeinschädlicher Personen, in: NDV 14, 1933, S. 134–136 (abgedr. bei Ayaß 1998, Nr. 11).

Deutscher Verein für öffentliche und private Fürsorge (1936): Der Berliner Entwurf für das Bewahrungsgesetz, in: NDV 17, 1936, S. 341–343 (abgedr. bei Ayaß 1998, Nr. 37 u. 42).

Deutscher Verein für öffentliche und private Fürsorge (1939): Das Aufspüren der asozialen Großfamilie, eine Aufgabe der „ausschaltenden Erbpflege“, in: NDV 20, 1939, S. 261 f.

Deutscher Verein für öffentliche und private Fürsorge (1949): Aufhebung der gesetzlichen Bestimmungen über das Arbeitshaus (amerik. Zone), in: NDV 29, 1949, S. 36 f.

Deutscher Verein für öffentliche und private Fürsorge (1952): Aussprache der Arbeitsgruppe 4, in: NDV 32, 1952, S. 421–424.

Deutscher Verein für öffentliche und private Fürsorge (1960): Das heutige Erscheinungsbild der Gefährdeten, in: Die Fürsorge in der gewandelten Welt von heute. Gesamtbericht über den 61. Deutschen Fürsorgetag 1959, Köln/Berlin.

Deutsches Institut für Rechtswissenschaft (Hrsg.) (1957): Lehrbuch des Strafrechts der Deutschen Demokratischen Republik. Allgemeiner Teil, Berlin (DDR).

Die Elberfelder Wohlfahrtspflege (1928). Eine Übersicht über die Entwicklung und den Stand der öffentlichen und privaten Wohlfahrtspflege der Stadt Elberfeld, Elberfeld.

Dirksen, E(duard) (1924/25): Asoziale Familien, in: Zeitschrift für öffentliches Gesundheitswesen 1, 1924/25, S. 89–142.

Dubitscher, F(red) (1942): Asoziale Sippen. Erb- und sozialbiologische Untersuchungen, Leipzig.

Düring, E(rnst) von (1924): Asoziale Elemente, in: Karstedt, Oskar (Hrsg.): Handwörterbuch der Wohlfahrtspflege, Berlin, S. 63–65.

Durkheim, Émile (1903): Pédagogie et Sociologie, in: Revue de Métaphysique et de Morale 11 (1903), S. 37–54.

Eiserhardt, Hilde (1928): Die fürsorgerische Bewahrung asozialer Personen, in: Monatsschrift Deutscher Ärztinnen 4, 1928, S. 136–142.

Engbrocks, Julius (1940): Über die Beziehung zwischen „Angeborenem Schwachsinn" im Sinne des Gesetzes zur Verhütung erbkranken Nachwuchses und Asozialität. Dargestellt an einer Sippe, med. Diss. Bonn.

Exner, Franz (1944): Kriminalbiologie in ihren Grundzügen, 2. Aufl., Hamburg.

Exner, Franz (1949): Kriminologie, Berlin/Göttingen/Heidelberg.

Feuerbach, Leonie (2023): Die verleugneten NS-Opfer. Forscher kritisieren den Umgang mit jenen, die die Nazis als „Asoziale" und „Berufsverbrecher" verfolgten, in: Frankfurter Allgemeine Zeitung vom 26. September 2023.

Finger, Otto (1937): Studien an zwei asozialen Zigeunermischlings-Sippen. (Ein Beitrag zur Asozialen- und Zigeunerfrage), Gießen.

Freud, Sigmund (1940): Der Witz und seine Beziehung zum Unbewussten. Gesammelte Werke, Bd. 6, London.

Fuchs, Walter (2008): Franz Exner (1881–1947) und das Gemeinschaftsfremdengesetz, Münster.

Funke, Edmund H. (1985): Urteile von „Normal-Bürgern" über Asozialität – Aspekte, Dimensionen und Stabilität, in: International Journal of Rehabilitation Research 8, 1985, S. 29–43.

Funke, Edmund H. (1990): Soziale Leitbilder polizeilichen Handelns. Eine empirische Untersuchung zur Einstellung von Polizeibeamten gegenüber „Asozialität", „Asozialen" und „asozialem Verhalten", Holzkirchen.

Gaida, Oliver (2022): Weiterhin „asozial". Die Berliner Sozial- und Jugendfürsorge der Nachkriegszeit, in: Amthor, Ralph-Christian/Kuhlmann, Carola/Bender-Junker, Birgit (Hrsg.): Kontinuitäten und Diskontinuitäten Sozialer Arbeit nach dem Ende des Nationalsozialismus. Band 2: Institutionen, Ausbildung und Arbeitsfelder Sozialer Arbeit nach 1945, Weinheim/Basel, S. 179–193.

Geck, Adolph (1963): Über das Eindringen des Wortes „sozial" in die deutsche Sprache, Göttingen.

Gerl, (Bruno) (1936): Entwurf eines Bewahrungsgesetzes mit Erläuterungen, in: Blätter für öffentliche Fürsorge 21, 1936, S. 36–39.

Gesetz über die Abänderung und Ergänzung der Ausführungsgesetze zum Reichsgesetz über den Unterstützungswohnsitz (1912), in: Preußische Gesetzessammlung, S. 195.

Göbbels, Hans (1947): Die Asozialen. Über Wesen und Begriff der Asozialität. Eine charakterologisch-sozialpsychologische Studie als Beitrag zum Asozialenproblem, Hamburg.

Goddard, Henry Herbert (1914): Die Familie Kallikak. Eine Studie über die Vererbung des Schwachsinns, Langensalza.

Gruhle, Hans W. (1912): Die Ursachen der jugendlichen Verwahrlosung und Kriminalität, Berlin/ Heidelberg.

Gruhle, Hans W. (1913): Der jugendliche Arbeitsscheue und Vagabund, in: Deutsche Zentrale für Jugendpflege (Hrsg.): Handbuch der Jugendpflege, Langensalza, S. 133–144.

Günther, Martin (1942): Eine asoziale Karrnersippe. Beitrag zur Bekämpfung der Landfahrer, med. Diss. Leipzig.

Guther, Hans (1950): Die Notwendigkeit einer Verwahrung der Asozialen und Kriminellen, in: Blätter der Wohlfahrtspflege 97, 1950, S. 169 f.

Hartfiel, Günter (1972): Wörterbuch der Soziologie, Stuttgart.

Hartmann, (Rudolf) (1926): Erhebungen zur Frage des Bedürfnisses nach einer Bewahrung Asozialer, in: Zentralblatt für Jugendrecht und Jugendwohlfahrt 17, 1926, S. 169–173.

Hesse, Otto (1952/53): Asoziale Familien, in: Kölner Zeitschrift für Soziologie 5, 1952/53, S. 334–341.

Heuß, Theodor (1916): Die Politisierung des Literaten, in: Das literarische Echo 18 (1916), S. 659.

Heymann, Irma (1914): Schicksal und Anlage bei 49 geistig abnormen Prostituierten, med. Diss. München.

Hirsch, Steffen (2008): Der Typus des „sozial desintegrierten" Straftäters in Kriminologie und Strafrecht der DDR, Göttingen.

Hoffmann, Sabrina (2016): Die neuen Asozialen. Wie „besorgte Bürger" Deutschland mit Dummheit und rechtem Hass an den Abgrund bringen, München.

Hölscher, Christoph (2002): NS-Verfolgte im „antifaschistischen Staat". Vereinnahmung und Ausgrenzung in der ostdeutschen Wiedergutmachung (1945–1989), Berlin.

Hörath, Julia (2017): „Asoziale" und „Berufsverbrecher" in den Konzentrationslagern 1933 bis 1938, Göttingen.

Hoppe, Felicitas (2012): Dankrede, https://www.deutscheakademie.de/de/auszeichnungen/georg-buechner-preis/felicitas-hoppe/dankrede (1. November 2023).

Jörger, J(osef) (1905): Die Familie Zero, in: Archiv für Rassen- und Gesellschaftsbiologie 2, 1905, S. 404–559.

Jürgens, Hans W. (1961): Asozialität als biologisches und sozialbiologisches Problem, Stuttgart.

Kappeler, Manfred (2020): Kontinuitäten der Fürsorge. Der „Nachrichtendienst des Deutschen Vereins" 1932–1946, Berlin.

Keßler, Metha/Zarncke, Lilly (o.J. [1945]): Wiedereingliederung Gemeinschaftsfremder durch Anstaltserziehung, Leipzig/Berlin.

Klumker, Chr(istian) J(asper) (1918): Fürsorgewesen. Einführung in das Verständnis der Armut und der Armenpflege, Leipzig.

Knorr, Wolfgang (1938a): Auslese kinderreicher Familien, in: Ziel und Weg 8, 1938, S. 557–566.

Knorr, Wolfgang (1938b): Ein Wort zur Klärung! Kinderreiche Vollfamilie – asoziale Großfamilie, in: Volk und Rasse 13, 1938, S. 414 f.

Konzentrationslager Dachau 1933–1945 (1978), 8. Aufl., München.

Korzilius, Sven (2005): „Asoziale" und „Parasiten" im Recht der SBZ/DDR. Randgruppen im Sozialismus zwischen Repression und Ausgrenzung, Köln/Weimar/Wien.

Kowollik, Paul (1945): Das war Konzentrationslager Buchenwald, Waldkirch i.Br.

Kranz, H(einrich) W(ilhelm) (1939): „Die Gemeinschaftsunfähigen" (Ein Beitrag zur wissenschaftlichen und praktischen Lösung des sog. „Asozialenproblems"). I. Teil: Materialübersicht und Problemstellung, Gießen.

Kranz, H(einrich) W(ilhelm)/Koller, S(iegfried) (1941): „Die Gemeinschaftsunfähigen" (Ein Beitrag zur wissenschaftlichen und praktischen Lösung des sog. „Asozialenproblems"). II. Teil: Erbstatistische Grundlagen und Auswertung. III. Teil: Vorschlag für ein „Gesetz über die Aberkennung der völkischen Ehrenrechte zum Schutze der Volksgemeinschaft", Gießen.

Krempl, Stefan Daniel (2021): Deutschland ist asozial. Wie wir von der Politik systematisch benachteiligt werden. Mechanismen der sozialen Ungleichheit, Imenbau.

Lenski, Katharina (2018): „Asozialität" in der DDR. Re-Konstruktion und Nachwirkung eines Ausgrenzungsbegriffs, in: Heitzer, Enrico et al. (Hrsg.): Nach Auschwitz: Schwieriges Erbe DDR, Frankfurt a.M., S. 162–175.

Lindenberger, Thomas (2005): „Asoziale Lebensweise". Herrschaftslegitimation, Sozialdisziplinierung und die Konstruktion eines „negativen Milieus" in der SED-Diktatur, in: Geschichte und Gesellschaft 31, 2005, S. 227–256.

Lindner, Gottfried (1938): Eugenische Gesetzgebung und moralischer Schwachsinn anhand einer hessischen Sippe, med. Diss. Marburg.

Linke, Charlotte (1954): Zum Problem der Obdachlosensiedlung, in: NDV 34, 1954, S. 309–312.

Lohalm, Uwe (2010): Völkische Wohlfahrtsdiktatur. Öffentliche Wohlfahrtspolitik im nationalsozialistischen Hamburg, München/Hamburg.

Lorke, Christoph (2015): Armut im geteilten Deutschland. Die Wahrnehmung sozialer Randlagen in der Bundesrepublik und der DDR, Frankfurt a.M.

Ludes, Peter (2018): Brutalisierung und Banalisierung. Asoziale und soziale Netze, Wiesbaden.

Luther, Horst/Weis, Christine (1990): Zur Anwendung des Strafrechts in der Deutschen Demokratischen Republik, in: Recht in Ost und West 34, 1990, S. 291.

Maier, Hans (1921): Verwahrungsgesetz. Entwurf und Begründung, Karlsruhe.

Marx, Karl (1843): Zur Judenfrage, in: Marx, Karl/Engels, Friedrich Werke, Bd. 1, Berlin 1976.

Meyers Enzyklopädisches Lexikon (1971), 9. völlig neubearbeitete Aufl., Bd. 2, Mannheim/Wien/Zürich.

Meyers Lexikon (1936), 8. Aufl., Bd. 1, Leipzig.

Meyers Neues Lexikon (1972), 2. völlig neu bearbeitete Aufl., Bd. 1, Leipzig.

Mierendorff, M(arta) (1955): Asozial, in: Bernsdorf, Wilhelm/Bülow, Friedrich (Hrsg.): Wörterbuch der Soziologie, Stuttgart, S. 35 f.

Mitscherlich, Alexander (1965): Die Unwirtlichkeit unserer Städte. Anstiftung zum Unfrieden, Frankfurt a.M.

Mönkemöller, (Otto) (1925a): Material zu einem Bewahrungsgesetz: Lebensläufe Asozialer, Hannover.

Mönkemöller, (Otto) (1925b): Die Verwahrung Asozialer, in: Blätter für Wohlfahrtspflege (Sachsen) 5, 1925, S. 81–88.

Obermaier, Frederik/Obermayer, Bastian/Richter, Nicolas (2017): Die Asozialen. Apple, Nike, Amazon und Co. verhöhnen nicht „den Staat". Sondern uns, ihre Kunden. Der Wettbewerb der Superreichen um die miesesten Steuertricks gefährdet das Gemeinwohl, in: Süddeutsche Zeitung, Nr. 259 vom 11./12. November 2017, S. 3.

Paul, Christa (2008): Frühe Weichenstellungen. Zum Ausschluss „asozialer" Häftlinge von Ansprüchen auf besondere Unterstützungsleistungen und auf Entschädigung, in: Stengel, Katharina/Konitzer, Werner (Hrsg.): Opfer als Akteure. Interventionen ehemaliger NS-Verfolgter in der Nachkriegszeit, Frankfurt a.M./New York, S. 67–86.

Peters, Karl Gustav (1926a): Um die Seele der Asozialen. Beiträge zur Lösung im pädagogischen und wohlfahrtspflegerischen Sinne, Freiburg i.Br.

Peters, Karl Gustav (1926b): Vorbeugende Erziehungsarbeit an den Asozialen, in: Caritas. Zeitschrift für Caritaswissenschaft und Caritasarbeit 31, 1926, S. 193–199.

Raschka, Johannes (2005): Mobilisierung zur Arbeit. Die Verfolgung von „Parasiten“ und „Asozialen“ in der Sowjetunion und in der DDR 1954-1977, in: Zeitschrift für Geschichtswissenschaft 53, 2005, S. 323–344.

Rauchfleisch, Udo (1981): Dissozial. Struktur und Psychodynamik dissozialer Persönlichkeiten, Göttingen.

Reichert, H(einz) (1960): Die Gefährdetenfürsorge in der Deutschen Demokratischen Republik, in: Arbeit und Fürsorge 15, 1960, S. 114–118.

Reif, Franziska/Prüwer, Tobias (2014): A wie Asozial: So demontiert Hartz IV den Sozialstaat, Marburg.

Rickenbach, Walter (1952): Wörterbuch für Sozialarbeiter, Zürich.

Ritter, Robert (1936): Erbbiologische Untersuchungen innerhalb eines Züchtungskreises von Zigeunermischlingen und „asozialen Psychopathen“, in: Harmsen, Hans/Lohse, Franz (Hrsg.): Bevölkerungsfragen. Bericht des Internationalen Kongresses für Bevölkerungswissenschaft. Berlin, 26. August – 1. September 1935, München, S. 713–718.

Ritter, Robert (1937): Ein Menschenschlag. Erbärztliche und erbgeschichtliche Untersuchungen über die – durch 10 Geschlechterfolgen erforschten – Nachkommen von „Vagabunden, Jaunern und Räubern“, Leipzig.

Romey, Stephan (2009): „Asozial“ als Ausschlusskriterium in der Entschädigungspraxis der BRD, in: KZ-Gedenkstätte Neuengamme (Hrsg.): Ausgegrenzt. „Asoziale“ und „Kriminelle“ im nationalsozialistischen Lagersystem, Bremen, S. 149–159.

Saathoff, Günter et al. (2009): Zur Rehabilitierung und Entschädigung von „Asozialen“, in: Allex, Anne/Kalkan, Dietrich (Hrsg.): Ausgesteuert – ausgegrenzt – angeblich asozial, Neu-Ulm 2009, S. 192–205.

Salomon, Alice (1928): Leitfaden der Wohlfahrtspflege, 3. Aufl., Berlin/Leipzig.

Schikorra, Christa (2001): Kontinuitäten der Ausgrenzung. „Asoziale“ Häftlinge im Frauen-Konzentrationslager Ravensbrück, Berlin.

Schlosser, Fr(itz) (1913): Ausübung der Armenpflege bei Arbeitsscheuen und säumigen Nährpflichtigen nach dem Gesetz über die Abänderung und Ergänzung der Ausführungsgesetze zum Reichsgesetz über den Unterstützungswohnsitz vom 23. Juli 1912, 2. Aufl., Berlin.

Schneider Eberhard (Hrsg.) (1977): SED. Programm und Statut von 1976, Opladen.

Schoeck, Helmut (1970): Kleines soziologisches Wörterbuch, Freiburg i.Br.

Schol, Herbert (1937): Untersuchungen an Persönlichkeit und Sippe der Asozialen der Stadt Gießen, med. Diss. Gießen.

Schroeder, Friedrich-Christian (1987): Zweifel an der Asozialenkriminalisierung in der DDR, in: Juristenzeitung 42, 1987, S. 1004–1008.

Schüler-Springorum, Horst/Sieverts, Rudolf (1965): Sozial auffällige Jugendliche, München.

Sommer, Robert (2014): Die Entschädigung von „asozialen" Opfern des Nationalsozialismus nach 1945, in: Das Blättchen 17, 2014, Nr. 13.

Steigertahl, Georg (1955): „Die gemeinlästigen Leute". Asoziale, Sozialschwierige, Gefährdete. Ihre Behandlung in der Vergangenheit und Aufgaben der Gegenwart, in: Monatsschrift für Kriminologie und Strafrechtsreform 38, 1955, S. 1–26.

Stein, Ludwig (1899): An der Wende des Jahrhunderts. Versuch einer Kulturphilosophie, Freiburg i.Br.

Steinhilber, Wilhelm (1927): Armenpflege und asoziale Familien, in: Deutsche Zeitschrift für Wohlfahrtspflege 3, 1927, S. 388–399.

Steinhöfel, Elke (2014): Die Wohnungsfürsorgeanstalt Hashude. Die NS-„Asozialenpolitik" und die Bremer Wohlfahrtspflege, Bremen.

Stiebel, Carl F. (1916): Minderbefähigte Schulentlassene. Eine Studie über die Erwerbsfähigkeit der in den Jahren 1903 bis 1912 aus Frankfurter Hilfsschulen entlassenen Kinder, Berlin.

Stolleis, Michael (1972): Gemeinschaft und Volksgemeinschaft. Zur juristischen Terminologie im Nationalsozialismus, in: Vierteljahrshefte für Zeitgeschichte 20, 1972, S. 16–38.

Stracke, Karl (1950): Der Asoziale als Objekt der öffentlichen Fürsorge, in: Zeitschrift für das Fürsorgewesen 2, 1950, S. 170–172.

Stralau, Josef (1957): Wiedereingliederung von Obdachlosen, in: Der Städtetag 10, 1957, S. 243–245.

Stumpfl, Friedrich (1966): Asozialität, in: Rudolf Sieverts (Hrsg.): Handwörterbuch der Kriminologie, 2. Aufl., Bd. 1, Berlin, S. 62–75.

Tress, Josef (1941/42): Die Asozialenfrage, in: Blätter für Gefängniskunde 72, 1941/42, S. 163–210.

Tress, Josef (1949): Die Asozialenfrage in der Nachkriegszeit, in: Blätter der Wohlfahrtspflege 96, 1949, S. 52–55.

van Bebber, Katharina (2001): Wiedergutgemacht? Die Entschädigung für Opfer der nationalsozialistischen Verfolgung nach dem Bundesergänzungsgesetz durch die Entschädigungsgerichte im OLG-Bezirk Hamm, Berlin.

Verordnung über die Aufenthaltsbeschränkung (1961), in: Gesetzblatt der DDR, Teil II, vom 24. August 1961.

Verordnung über die Aufgaben der örtlichen Räte und der Betriebe bei der Erziehung kriminell gefährdeter Bürger (1968), in: Gesetzblatt der DDR, Teil II, vom 15. August 1968.

Vogel, Norbert (1937): Die Sippe Delta. Eine Studie über erbliche Minderwertigkeit und asoziales Verhalten, med. Diss. München.

Weber, Max (1980): Wirtschaft und Gesellschaft, 5. Aufl., Tübingen

Weiss, Hans/Schmiederer, Ernst (2004): Asoziale Marktwirtschaft. Insider aus Politik und Wirtschaft enthüllen, wie die Konzerne den Staat ausplündern, Köln.

Weß, Ludger (1986): Hans Wilhelm Jürgens, ein Repräsentant bundesdeutscher Bevölkerungswissenschaft, in: Kaupen-Haas, Heidrun (Hrsg.): Der Griff nach der Bevölkerung. Aktualität und Kontinuität nazistischer Bevölkerungspolitik, Nördlingen, S. 121–145.

Wiese, Tobias (2021): Identität und Image durch „Asozialität". Selbstinszenierung im Deutschrap, in: Amesberger, Helga et al. (Hrsg.): Kontinuitäten der Stigmatisierung von „Asozialität". Perspektiven gesellschaftskritischer Politischer Bildung, Wiesbaden, S. 163–176.

Willing, Matthias (2003): Das Bewahrungsgesetz (1918–1967). Eine rechtshistorische Studie zur Geschichte der deutschen Fürsorge, Tübingen.

Wilmanns, Karl (1910): Psychiatrische Bemerkungen zum Vorentwurf des deutschen Strafgesetzbuches, in: Zeitschrift für die gesamte Neurologie und Psychiatrie 1, 1910, S. 171–205.

Windmüller, Joachim (2006): Ohne Zwang kann der Humanismus nicht existieren... – „Asoziale" in der DDR, Frankfurt a.M.

Wüllenweber, Walter (2012): Die Asozialen. Wie Ober- und Unterschicht unser Land ruinieren – und wer davon profitiert, München.

Zeng, Matthias (2000a): „Asozial", arm, ausgegrenzt. Zur Tradierung eines Begriffes, in: Soziale Arbeit 49, 2000, S. 214–221.

Zeng, Matthias (2000b) „Asoziale" in der DDR. Transformationen einer moralischen Kategorie, Münster.

Zörner, G(uste) (Hrsg.) (1971): Frauen-KZ Ravensbrück, Berlin (DDR).

zur Nieden, Susanne (2001): „L. ist ein vollkommen asoziales Element...". Säuberungen in den Reihen der „Opfer des Faschismus" in Berlin, in: Leo, Annette/Reif-Spirek, Peter (Hrsg.): Vielstimmiges Schweigen. Neue Studien zum DDR-Antifaschismus, Berlin, S. 85–108.

zur Nieden, Susanne (2003): Unwürdige Opfer. Die Aberkennung von NS-Verfolgten in Berlin 1945 bis 1949, Münster.

zur Nieden, Susanne (2009): „Unwürdige" Opfer – zur Ausgrenzung der im Nationalsozialismus als „Asoziale" Verfolgten in der DDR, in: KZ-Gedenkstätte Neuengamme (Hrsg.): Ausgegrenzt. „Asoziale" und „Kriminelle" im nationalsozialistischen Lagersystem, Hamburg, S. 138–148.

Abkürzungen

BSHG	Bundessozialhilfegesetz
DDR	Deutsche Demokratische Republik
Gestapo	Geheime Staatspolizei
KZ	Konzentrationslager
NDV	Nachrichtendienst des Deutschen Vereins
NS	nationalsozialistisch
NSV	Nationalsozialistische Volkswohlfahrt
PrGS	Preußische Gesetzsammlung
SED	Sozialistische Einheitspartei Deutschlands
StGB	Strafgesetzbuch

Der Autor

Dr. phil. Wolfgang Ayaß, geboren 1954 in Marbach am Neckar, Sozialarbeiter und Historiker, war bis 2020 Arbeitsstellenleiter der „Quellensammlung zur Geschichte der deutschen Sozialpolitik 1867 bis 1914" der Akademie der Wissenschaften und der Literatur, Mainz, und bis 2021 außerplanmäßiger Professor am Fachbereich Humanwissenschaften der Universität Kassel.